古典名著聚珍文库

山海经

周明初　校注

出版说明

中国传统文化博大精深，源远流长。几千年来，曾流传的典籍浩如烟海，虽然如今大部分已经散佚，但仍至少有数万种得以留存。这些承载着中国传统文化的典籍，是前人给我们留下的丰厚遗产，但由于数量实在太过庞大，一个人毕其一生也未必能够通读十分之一。怎样去了解它们的丰富内涵，取其精华，弃其糟粕，对大多数人来说都是一个难题。有鉴于此，我社特推出“古典名著聚珍文库”，帮助读者从经过历史长河千百年的汰选而仍熠熠生辉的古典名著中，领略中国优秀传统文化的华茂丰赡，并从中汲取营养，去继承和发扬，去开拓和创新。

中国古籍中最为奇特的一部书大概就是《山海经》了。在这短短的三万一千多字的篇幅中，记载了地理、神话传说、历史、民族、宗教、矿产、医药等方面的丰富内容，对于研究古代的社会历史文化具有很高的参考价值。由于它的内容纷杂，造成了归类上的困难：《汉书·艺文志》将它归入术数略的形法类；《隋书·经籍志》改列在史部的地理类；《宋史·艺文志》又将它分在史部的五行类；清代的《四库全书总目提要》则认为它是“小说之最古者”，将它列入子部的小说家类；鲁迅的《中国小说史略》则把它归为“古之巫书”。其实，《山海经》是一本地地道道的杂书，不能把它简单地归为某一类。

今本《山海经》共18卷，包括南山、西山、北山、东山、中山经各一卷，此五卷合称《五藏山经》，简称《山经》；另外有海外南、西、北、东经各一卷，海内南、西、北、东经各一卷，大荒东、南、西、北经各一卷，海内经一卷，这十三卷合称《海经》。《山经》主要记述海内各方的山川物产、神怪祭祀等，《海经》则主要记述海内外各地的地理形势、风土人情等。

关于《山海经》的成书年代和作者，历来众说纷纭。《山海经》所载的内容十分古老，其中的一些神话传说甚至可追溯到史前时代，但它的成书年代应该远晚于其所记述的内容。近代以来的研究者一般认为它成书于战国初年到西汉初年这一时期。这一时期长达三百年，作者自非一人。从经文的不同文风和所记山川位置的确切程度来看，作者当为古代巴、楚之地人。

在《山海经》一书纷杂的内容中，有两个方面最值得注意：一个是地理方面的，一个是神话传说方面的。《山经》中所记载的大量的地名，有很大一部分是无法验证的；造成无法验证的原因多种多样，如古代科技不发达，古人对方位、距离没有准确概念，年代久远，山河变迁，某些地名来自神话传说和主观想象等等。全书中记载的大量神话传说，有的可以和《楚辞》、《淮南子》等古籍相互印证，有的则差异较大。书中本身的记载就有许多前后矛盾和歧异之处，这说明《山海经》一书所记的神话传说并没有经过系统的整理。唯其如此，该书才真实地反映出一些神话传说的原始状态。

历代的文人学者对《山海经》一书都十分重视。我们今天所能看到的最早的本子就是由西汉刘秀（即刘歆）校订，东晋郭璞作注的。《山海经》原有图，郭璞作有《〈山海经图〉赞》，后来赞存而图佚，后人依赞另作新图。东晋以后《山海经》的研究相对沉寂，至明、清复盛，重要的著作有明代杨慎的《山海经补注》、王崇庆的《山海经释义》，清代汪绂的《山海经存》、吴任臣的《山海经广注》、毕沅的《山海经新校正》、郝懿行的《山海经笺疏》等。其中，郝懿行的《山海经笺疏》博采众家之长，成一家之说，为后世研究者不可不读。到了现代，研究者中成就最大的当数袁珂先生。他作有《山海经校注》、《山海经校释》、《山海经全译》等。其中《山海经校注》一书，在广泛吸收古今研究成果的基础上，又有诸多创获，实为《山海经》研究的集大成之作。

现在我社奉献给读者的这个校注本，以还读楼刊郝懿行《山海经笺疏》为底本，吸收了各家之长，注释力求简明扼要，地名不详者不一一指出，注音主要依据《汉语大词典》，书中的图选自清代吴任臣的《山海经广注》。舛误不当之处，敬请读者批评指正。

浙江古籍出版社

2009 年 12 月

目　录

附录

山海经第一　南山经[①]

《南山经》之首曰䧿山[②]。其首曰招摇之山，临于西海之上，多桂，多金、玉。有草焉，其状如韭而青华[③]，其名曰祝馀，食之不饥。有木焉，其状如榖而黑理[④]，其华[⑤]四照，其名曰迷榖，佩之不迷[⑥]。有兽焉，其状如禺[⑦]而白耳，伏行人走[⑧]，其名曰狌狌[⑨]，食之善走。丽麂[⑩]之水出焉，而西流注于海。其中多育沛[⑪]，佩之无瘕疾[⑫]。

狌　狌

①《南山经》为《山海经》的首经，这一经又分三部分，分记南方三列山系诸山的名称、物产和发源于诸山的河流，并对三列山系的山神形状及祭祀时的礼仪作了介绍。　②䧿(què)山：一作“鹊山”。　③华：同“花”。　④“其状”句：谓树的形状像构树而有黑色纹理。榖(gǔ)，当作“穀”。穀，树木名。即构树，也叫楮(chǔ)树，叶似桑，多涩毛，果实圆红，树皮可造纸。黑理，黑色纹理。　⑤华：光辉。　⑥迷：指迷失道路。　⑦禺(yù)：动物名。似猕猴而大，赤目长尾。　⑧伏行人走：谓匍匐而行，又能像人一样直立而跑。　⑨狌狌(xīng xīng)：动物名。即猩猩。　⑩麂：音 jǐ。　⑪育沛：动物名。具体不详。　⑫瘕(jiǎ)疾：腹内结块的病。

又东三百里，曰堂庭之山[①]。多棪[②]木，多白猿，多水玉[③]，多黄金。

①堂庭之山：一作“常庭之山”。　②棪(yǎn)：树木名。果实像柰，赤

色。 ③水玉：即水晶。

又东三百八十里，曰猨翼之山[①]。其中多怪兽，水多怪鱼，多白玉，多蝮虫[②]，多怪蛇，多怪木，不可以上。

①猨(yuán)翼之山：又作“稷翼之山”、“即翼之山”。猨，同“猿”。 ②蝮(fù)虫：动物名。又叫反鼻虫，身上有带状纹理，鼻上有针。

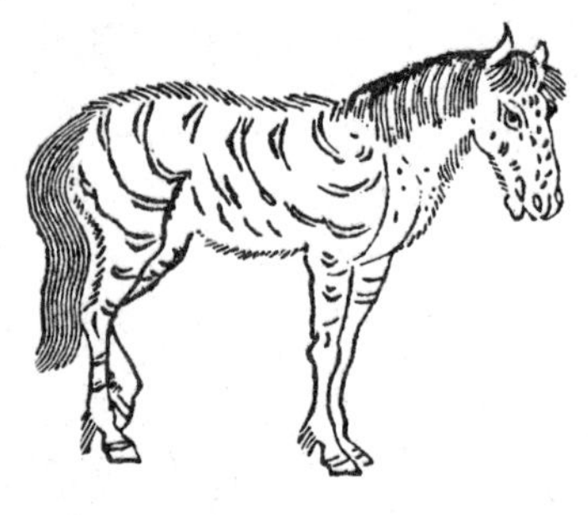
鹿 蜀

又东三百七十里，曰杻[①]阳之山。其阳[②]多赤金，其阴[③]多白金。有兽焉，其状如马而白首，其文[④]如虎而赤尾，其音如谣[⑤]，其名曰鹿蜀，佩之宜子孙[⑥]。怪水出焉，而东流注于宪翼之水。其中多玄龟，其状如龟而鸟首虺[⑦]尾，其名曰旋龟，其音如判木[⑧]，佩之不聋，可以为底[⑨]。

①杻：音 niǔ。 ②阳：这里指山的南面。 ③阴：这里指山的北面。 ④文：花纹。 ⑤谣：人唱歌的声音。 ⑥宜子孙：谓多子孙。 ⑦虺(huǐ)：毒蛇。 ⑧判木：破木，把木头剖为两半。 ⑨可以为(wéi)底：可用来治足茧。为，这里作医治解。底，通“胝”，足茧。

旋 龟

又东三百里柢[①]山。多水，无草木。有鱼焉，其状如牛，陵居[②]，蛇尾，有翼，其羽在魼[③]下，其音如留牛[④]，其名曰鯥[⑤]，冬死而夏生，食之无肿疾[⑥]。

①"柢"之上脱一"曰"字。柢,音 dǐ。②陵居:住在山上。③鲑(xié):鱼肋,鱼的肋骨部位。④留牛:动物名。即犛牛。⑤鯥:音 lù。⑥肿疾:痈,毒疮。

鯥　鱼

又东四百里,曰亶[1]爰之山。多水,无草木,不可以上。有兽焉,其状如貍[2]而有髦[3],其名曰类[4],自为牝牡[5],食者不妒。

类

①亶:音 chán。②貍:同"狸"。动物名。即豹猫,俗称野猫。③髦:指动物颈上的长毛。④类:据说明代云南蒙化府一带有此兽,当地人称为香髦,雌雄同体。⑤自为牝(pìn)牡:谓身上具有雌性和雄性两种性器官。牝,雌性。牡,雄性。

又东三百里,曰基山。其阳多玉,其阴多怪木[1]。有兽焉,其状如羊,九尾四耳,其目在背,其名曰猼訑[2],佩之不畏[3]。有鸟焉,其状如鸡而三首、六目、六足、三翼,其名曰鹇鸺[4],食之无卧[5]。

猼　訑

鹇　鸺

①一本在“怪木”之上有“多金”二字。 ②猼訑：音 bó yí。 ③不畏：不知畏惧。 ④鹇鸺(chǎng fū)：当作“鷩(biē)鸺”。 ⑤食之无卧：谓吃了使人少眠。

又东三百里，曰青丘之山。其阳多玉，其阴多青、雘[①]。有兽焉，其状如狐而九尾，其音如婴儿[②]，能食人[③]，食之不蛊[④]。有鸟焉，其状如鸠，其音若呵[⑤]，名曰灌灌[⑥]，佩之不惑[⑦]。英水出焉，南流注于即翼之泽。其中多赤鱬[⑧]，其状如鱼而人面，其音如鸳鸯，食之不疥[⑨]。

①青、雘(hù)：“雘”当作“臒”。青和臒(huò)是古代两种可以作颜料的石脂。臒，红色的石脂。 ②“其音”句：谓发出的声音像婴儿的声音。 ③食人：谓可供人食用。 ④不蛊(gǔ)：不受热毒恶气的侵害。蛊，指伤害人的热毒恶气。 ⑤若呵：好像人的呵斥声。 ⑥灌灌：一作“濩濩”。 ⑦不惑：不迷惑。 ⑧赤鱬(rú)：《海内北经》记有陵鱼，可参看。 ⑨不疥：不长疥疮。

九尾狐

赤 鱬

又东三百五十里，曰箕尾之山[①]。其尾踆[②]于东海，多沙石。汸[③]水出焉，而南流注于淯[④]，其中多白玉。

①箕尾之山：《玉篇》作“箕山”，无“尾”字。作“箕尾之山”，盖下文有“其尾”而衍。 ②踆(cūn)：通“蹲”，坐落。 ③汸：音 fāng。 ④淯：音 yù。

凡䧿山之首，自招摇之山，以至箕尾之山，凡十山，二千九百五十里。其神状皆鸟身[①]而龙首。其祠[②]之礼：毛用一璋玉瘗[③]，糈[④]用稌[⑤]米，一璧[⑥]，稻米，白菅[⑦]为席。

①鸟身：一作“人身”。　②祠：祭祀。　③“毛用”句：意谓祭神的毛物与璋玉同瘗(yì)。毛，即祭神所用的毛物，如猪、羊、鸡、犬等。璋玉，顶端作斜锐角形的长条形玉器。瘗，埋物祭地神。　④糈(xǔ)：祭神用的精米。　⑤稌(tú)：稻。　⑥璧：圆形中间有孔的玉器。　⑦菅(jiān)：一种茅草。

《南次二经》之首，曰柜[①]山。西临流黄[②]，北望诸毗[③]，东望长右[④]。英水出焉，西南流注于赤水，其中多白玉，多丹粟[⑤]。有兽焉，其状如豚[⑥]，有距[⑦]，其音如狗吠，其名曰狸力，见[⑧]则其县多土功[⑨]。有鸟焉，其状如鸱[⑩]而人手[⑪]，其音如痺[⑫]，其名曰鴸[⑬]，其名自号[⑭]也，见则其县多放士[⑮]。

鴸

①柜：音 jǔ。　②流黄：国名。《海内西经》记有流黄酆氏国，《海内经》记有流黄辛氏国，可参看。　③诸毗(pí)：山名，也是水名。　④长右：山名。　⑤丹粟：指像粟那样的细粒丹砂。　⑥豚(tún)：小猪。也泛指猪。　⑦距：指禽兽脚后像趾的突出部分。　⑧见(xiàn)：通“现”，出现。　⑨土功：指治水、筑城等工程。　⑩鸱(chī)：鸟名。即鹞鹰。　⑪人手：谓它的脚像人的手。　⑫痺(pí)：鸟名。指雌鹑。　⑬鴸：音 zhū。　⑭其名自号：谓自呼其名。　⑮放士：被放逐之士。

东南四百五十里，曰长右之山。无草木，多水。有兽焉，其状如禺而四耳，其名长右，其音如吟[①]，见则郡县大水。

长 右　　　　猾 褢

①其音如吟：谓发出的声音像人的呻吟声。

又东三百四十里，曰尧光之山[①]。其阳多玉，其阴多金[②]。有兽焉，其状如人而彘鬣[③]，穴居而冬蛰[④]，其名曰猾褢[⑤]，其音如斫木[⑥]，见则县有大繇[⑦]。

①尧光之山：一作“克光之山”。　②金：一作“铁”。　③彘鬣（zhì liè）：谓长着猪鬃似的硬毛。彘，猪。鬣，指动物头或颈上的毛。　④冬蛰：冬眠。　⑤褢：音 huái。　⑥“其音”句：谓发出的声音像人砍伐树木时发出的声音。　⑦繇（yáo）：通“徭”，徭役。

又东三百五十里，曰羽山[①]。其下多水，其上多雨，无草木，多蝮虫。

①羽山：《海内经》“鲧窃息壤”条谓鲧被杀死在羽山，可参看。地在今山东郯城东北，一说在今山东蓬莱东南。

又东三百七十里，曰瞿父之山。无草木，多金、玉。

又东四百里，曰句馀之山[①]。无草木，多金、玉。

①句（gōu）馀之山：在今浙江余姚、鄞县交界处。古时属会稽郡的句章

县、馀姚县即因此山而得名。

又东五百里，曰浮玉之山[①]。北望具区[②]，东望诸毗[③]。有兽焉，其状如虎而牛尾，其音如吠犬[④]，其名曰彘，是食人。苕水[⑤]出于其阴，北流注于具区，其中多鮆鱼[⑥]。

彘

①浮玉之山：指今浙江西北部的天目山，包括其支脉莫干山。　②具区：太湖的古称。　③诸毗：这里是水名。　④吠犬：狗叫声。　⑤苕水：指今浙江北部的苕溪，有东西两支，均发源于天目山，在今湖州合流后注入太湖。　⑥鮆(jì)鱼：鱼名。长头，身狭薄，因似刀形，又叫刀鱼。

又东五百里，曰成山[①]。四方而三坛[②]，其上多金、玉，其下多青、雘。阏[③]水出焉，而南流注于虖勺[④]，其中多黄金。

①成山：因山像土坛一样重叠而成而得名。成，重叠。　②三坛：谓山像土坛那样重叠，共有三重。　③阏：音 dū。　④“虖(hū)勺”之上一本有“西”字，“勺”一本作“多”。

又东五百里，曰会稽之山[①]。四方，其上多金、玉，其下多砆石[②]。勺水出焉，而南流注于湨[③]。

①会(guì)稽之山：在今浙江绍兴、诸暨、嵊县、东阳间，因传说夏禹曾在此山大会诸侯，计功封爵而得名。“会稽”即会计之意。这里的会稽山指今浙江绍兴东南的禹陵。　②砆(fū)石：又叫碔(wǔ)砆石、武夫石，一种似玉的红色美石，有白色的纹理。　③湨：音 jú。

又东五百里，曰夷山。无草木，多沙石。溴[①]水出焉，而南流注于列涂[②]。

①溴：一作“浿”。 ②列涂：疑即涂山，也即上文的会稽之山，因夏禹娶涂山氏而得名。

又东五百里，曰仆勾[①]之山。其上多金、玉，其下多草木，无鸟兽，无水。

①仆勾之山：一作“仆夕之山”，“夕”疑为“多”之误。

又东五百里，曰咸阴之山。无草木，无水。

䍺

又东四百里，曰洵山[①]。其阳多金，其阴多玉。有兽焉，其状如羊而无口，不可杀[②]也，其名曰䍺[③]。洵水出焉，而南流注于阏[④]之泽，其中多芘蠃[⑤]。

①洵山：一作“旬山”。 ②不可杀：谓杀不死。 ③䍺：音 huán 或 huàn。 ④阏：音 è。 ⑤芘(pí 或 bì)蠃：当作“茈(zǐ)蠃”，意为紫色螺。茈，通“紫”。蠃，通“螺”。

又东四百里，曰虖勺之山。其上多梓、楠[①]，其下多荆、杞[②]。滂[③]水出焉，而东流注于海。

①梓、楠(nán)：两种乔木。梓是落叶乔木，木材轻软，可制器具，种子和树皮可入药。楠是常绿乔木，木质好，是制器具和建筑用的良材。 ②荆、杞(qǐ)：即荆棘和枸(gǒu)杞。两种野生灌木。 ③滂：音 pāng。

又东五百里，曰区吴之山。无草木，多沙石。鹿水出焉，而

南流注于滂水。

蛊　雕

又东五百里，曰鹿吴之山。上无草木，多金石。泽更之水出焉，而南流注于滂水。水[①]有兽焉，名曰蛊雕[②]，其状如雕而有角，其音如婴儿之音，是食人。

①"水"为衍字。　②蛊雕：一作"纂雕"。

东五百里，曰漆吴之山。无草木，多博石[①]，无玉。处于[②]东海[③]，望五山，其光载出载入[④]，是惟日次[⑤]。

①博石：石名。可做棋具。一说即大石头。　②"处于"之上可能有脱文。　③东海：一作"海东"，则"东"字当属下句。　④"其光"句：谓神光忽明忽暗。　⑤日次：太阳停息之处。次，即次舍，止息之所。

凡《南次二经》之首，自柜山至于漆吴之山，凡十七山，七千二百里。其神状皆龙身而鸟首。其祠：毛用一璧瘗，糈用稌。

《南次三经》之首，曰天虞之山。其下多水，不可以上。

东五百里，曰祷过之山。其上多金、玉，其下多犀、兕[①]，多象。有鸟焉，其状如䴔[②]而白首、三足[③]、人面，其名曰瞿如，其鸣自号也。泿水[④]出焉，而南流注于海。其中有虎蛟[⑤]，其状鱼身而蛇尾，其音[⑥]如鸳鸯，食者不肿，可以已痔[⑦]。

瞿　如

①兕(sì)：犀牛一类的动物。据《海内

南经》云，兕“其状如牛，苍黑，一角。” ②鸮(xiāo)：水鸟名。似野鸭而小，脚长在接近尾部处。 ③足：一作“手”。 ④浪(yín)水：古水名。上游即今广西东北部的洛清河，中下游即今柳江、黔江、西江。 ⑤蛟：传说中似龙而无角的动物。 ⑥音：疑为“首”之误。 ⑦已痔：治痔疮。已，治愈。

又东五百里，曰丹穴之山。其上多金、玉。丹水出焉，而南流注于渤海。有鸟焉，其状如鸡[1]，五采而文[2]，名曰凤皇[3]，首文曰德，翼文曰义，背文曰礼，膺[3]文曰仁，腹文曰信。是鸟也，饮食自然，见则天下安宁。

①鸡：一作“鹤”。 ②文：指有花纹。 ③膺：胸部。

又东五百里，曰发爽之山。无草木，多白猿。汎[1]水出焉，而南流注于渤海。

①汎：音 fàn。

又东四百里，至于旄山之尾，其南有谷，曰育遗[1]。多怪鸟，凯风[2]自是出。

①育遗：一作“育隧”。 ②凯风：和暖的风。指南风。

又东四百里，至于非山之首。其上多金、玉，无水，其下多蝮虫。

又东五百里，曰阳夹之山。无草木，多水。

又东五百里，曰灌湘之山[1]。上多木，无草，多怪鸟，无兽。

①灌湘之山：一作“灌湖射之山”。

又东五百里，曰鸡山。其上多金，其下多丹雘。黑水出焉，而南流注于海。其中有鲑[1]鱼，其状如鲋[2]而彘毛[3]，其音如豚，见则天下大旱。

①鲑：音 tuán。　②鲋（fù）：鱼名。即鲫鱼。　③毛：当作“尾”。

又东四百里，曰令丘之山。无草木，多火。其南有谷焉，曰中谷，条风[1]自是出。有鸟焉，其状如枭[2]，人面四目而有耳，其名曰颙[3]，其鸣自号也，见则天下大旱。

①条风：东北风。　②枭（xiāo）：鸟纲鸱鸮科各种类鸟的通称。　③颙（yú）：一作“鶣（yú）”。

颙

又东三百七十里，曰仑者之山[1]。其上多金、玉，其下多青、雘。有木焉，其状如榖[2]而赤理，其汗如漆，其味如饴[3]，食者不饥，可以释劳[4]，其名曰白䓘[5]，可以血玉[6]。

①仑者之山：一作“仑山”。　②榖：当作“穀”。　③饴：用麦芽制成的糖浆。　④释劳：解除忧愁。劳，忧愁。　⑤䓘：音 gāo。　⑥血玉：染玉使发出光彩。

又东五百八十里，曰禺稾之山[1]。多怪兽，多大蛇。

①禺稾（gǎo）之山：一作“禺稾之山”。

又东五百八十里，曰南禺之山。其上多金、玉，其下多水。有穴焉，水出[1]辄入，夏乃出，冬则闭。佐水出焉，而东南流注于海，有凤皇、鹓雏[2]。

①出：当为“春”之误。　②鹓（yuān）雏：传说中鸾凤一类的鸟。

凡《南次三经》之首，自天虞之山以至南禺之山，凡一十四山，六千五百三十里。其神皆龙身而人面。其祠：皆一白狗祈，糈用稌。

右南经之山志，大小凡四十山，万六千二百八十里[1]。

①清人郝懿行认为，篇末这段话可能是校书者所加；而袁珂认为这段话可能是古经原有之总结，而“南经之山志”之“志”字为后人妄加。又郝懿行统计，其数应为三十九山，一万五千六百四十里。

山海经第二　西山经[1]

《西山经》华山[2]之首，曰钱来之山。其上多松，其下多洗石[3]。有兽焉，其状如羊而马尾，名曰羬[4]羊，其脂可以已腊[5]。

①这一经分四个部分，分记西方四列山系诸山的名称、物产和发源于诸山的河流，并介绍了四列山系的山神形状及祭祀时的礼仪。　②华山：在今陕西东部。因远望似花，故名。　③洗石：一种含碱的石块，洗澡时可用来擦身以去除污垢。　④羬：音 qián。　⑤腊(xī)：皮肤皴裂。

羬　羊

西四十五里，曰松果之山[1]。濩水[2]出焉，北流注于渭[3]，其中多铜。有鸟焉，其名曰螐[4]渠，其状如山鸡，黑身赤足，可以已𤺌[5]。

①松果之山：在今陕西华阴东南。　②濩水：当作“灌水”。灌水是渭河的一条支流。　③渭：河流名。黄河的最大支流，源出今甘肃渭源的鸟鼠山，在今陕西潼关注入黄河。　④螐：音 tóng。　⑤𤺌(báo)：皮肤皴起。

又西六十里，曰太华之山[1]。削成而西方[2]，其高五千仞，其广十里，鸟兽莫居。有蛇焉，名曰肥𧔥[3]，六足四翼，见则天下大旱。

肥 蟥

①太华之山：华山主峰，在今陕西华阴南。 ②"削成"句：谓山像用刀斧砍削而成四方形。喻山之险峻。 ③肥蟥（wèi）：一作"肥遗"。可参见《北山经》"浑夕山"、"彭𣲖山"条。

又西八十里，曰小华之山①。其木多荆、杞，其兽多㸲牛②，其阴多磬石③，其阳多㻬琈之玉④。鸟多赤鷩⑤，可以御火⑥。其草有萆荔⑦，状如乌韭⑧，而生于石上，亦缘木而生，食之已心痛。

①小华之山：即少华山，在今陕西华县东南。 ②㸲（zuó）牛：动物名。一种野牛，重可达千斤。 ③磬（qìng）石：一种可以制磬的美石。磬，古代用石或玉制成的打击乐器。 ④㻬琈（chū fú）之玉：一种玉石。 ⑤赤鷩（biē）：山鸡的一种。 ⑥可以御火：谓畜养赤鷩可防避火灾。 ⑦萆（bì）荔：即薜荔，也称木莲，一种常绿藤本植物，果实可作药用。 ⑧乌韭：一种苔藓类植物，多生于潮湿的地方。

又西八十里，曰符禺之山①。其阳多铜，其阴多铁。其上有木焉，名曰文茎，其实如枣，可以已聋。其草多条，其状如葵②而赤华黄实，如婴儿舌，食之使人不惑。符禺之水出焉，而北流注于渭。其兽多葱聋，其状如羊而赤鬣。其鸟多鴖③，其状如翠④而赤喙⑤，可以御火。

葱 聋

①符禺之山：在今陕西华县西南。 ②葵：指冬葵，古代一种重要的蔬菜。 ③鴖（mín）：一作"鹛（mín）"。 ④翠：即翠鸟。 ⑤喙（huì）：

鸟兽的嘴。

又西六十里，曰石脆之山[①]。其木多棕、楠，其草多条，其状如韭而白华黑实[②]，食之已疥。其阳多㻬琈之玉，其阴多铜。灌水[③]出焉，而北流注于禺水[④]，其中有流赭[⑤]，以涂牛马[⑥]无病。

①石脆之山：当作“石脃（cuì）之山”。“脃”为“脆”的异体字。　②上文的条草与这里的条草为同名而不同形状。　③灌水：又名小赤水，在今陕西华县西。　④禺水：一名愚水，在今陕西华县西。　⑤赭（zhě）：红土。　⑥马：一作“角”。

又西七十里，曰英山。其上多杻、橿[①]，其阴多铁，其阳多赤金。禺水出焉，北流注于招水[②]，其中多鲜[③]鱼，其状如鳖，其音如羊。其阳多箭、䉋[④]，其兽多㸲牛、羬羊。有鸟焉，其状如鹑[⑤]，黄身而赤喙，其名曰肥遗，食之已疠[⑥]，可以杀虫。

鲜　鱼

①杻、橿（jiāng）：古代两种可作车材的树，质地坚硬。杻树即檍树。②招（sháo）水：河流名。西北流注于灌水。　③鲜：音 bàng。　④箭、䉋（mèi）：箭竹和䉋竹，竹类的两种。　⑤鹑：鹌鹑。　⑥疠（lì）：麻风病。

又西五十二里，曰竹山[①]。其上多乔木，其阴多铁。有草焉，其名曰黄藋[②]，其状如樗[③]，其叶如麻，白华而赤实，其状如赭[④]，浴之已疥，又可以已胕[⑤]。竹水出焉，北流注于渭，其阳多竹箭[⑥]，多苍玉。丹水出焉，东南流注于洛水[⑦]，其中多水玉，多人鱼[⑧]。有兽焉，其状如豚而白毛[⑨]，大如笄[⑩]而黑端，名曰豪彘[⑪]。

①竹山：在今陕西渭南东南，俗名大秦岭，又叫箭谷岭，因多竹而得名。

豪 彘

②雚：音 huán。　③樗（chū）：即臭椿树，一种落叶乔木，木材粗硬，叶可养樗蚕，根皮可供药用。　④赭：紫赤色。　⑤胕（fú）：浮肿病。　⑥箭：一种小竹。　⑦洛水：这里指南洛河。源出陕西洛南西北，东入河南，在巩义洛口入黄河。　⑧人鱼：即陵鱼。《山海经》中有多处记载，人面鱼身，有手脚。　⑨"白毛"之下当又有一"毛"字，连下读。　⑩笄（jī）：簪子。　⑪豪彘：即豪猪，又叫箭猪。

又西百二十里，曰浮山。多盼木①，枳叶而无伤②，木虫居之③。有草焉，名曰薰草，麻叶而方茎，赤华而黑实，臭④如蘼芜⑤，佩之可以已疠。

①"盼木"之"盼"是个讹字，现已不知为何字之讹。　②"枳叶"句：谓树叶像枳叶但不长刺。枳叶有刺，可伤人。　③"木虫"句：谓树体内长有树虫。　④臭（xiù）：气味。　⑤蘼芜：指芎䓖（xiōng qióng）的苗，其叶有香气，又称江蓠。

又西七十里，曰羭①次之山。漆水出焉，北流注于渭。其上多棫②、橿，其下多竹箭，其阴多赤铜，其阳多婴垣之玉③。有兽焉，其状如禺而长臂，善投，其名曰嚻④。有鸟焉，其状如枭，人面而一足，曰橐𩇯⑤，冬见夏蛰，服之不畏雷⑥。

橐 𩇯

①羭：音 yú。　②棫（yù）：木名。又名白桵（ruí），木质白，可制车辐和其他器具。　③婴垣之玉：即下文"泑山"条所载之"婴脰之玉"。　④嚻（xiāo）：同"嚣"。　⑤橐𩇯：音 tuó féi。　⑥"服之"句：谓用其毛羽做成

衣服穿上，可以不怕雷声。

又西百五十里，曰时山。无草木。逐水[①]出焉，北流注于渭，其中多水玉。

①逐水：一作“遂水”。

又西百七十里，曰南山[①]。上多丹粟。丹水出焉，北流注于渭。兽多猛豹[②]，鸟多尸鸠[③]。

①南山：即终南山，秦岭山峰之一，在今陕西西安南。　②猛豹：即貘豹，似熊而小，能食蛇，食铜铁。　③尸鸠：即布谷鸟。

又西百八十里，曰大时之山[①]。上多縠[②]、柞，下多杻、橿，阴多银，阳多白玉。涔[③]水出焉，北流注于渭。清水出焉，南流注于汉水[④]。

①大时之山：疑即太白山，秦岭的主峰。　②縠：当作“穀”。　③涔：音 cén。　④汉水：即汉江。长江的最长支流，发源于今陕西宁强，在今湖北武汉注入长江。

又西三百二十里，曰嶓冢之山[①]。汉水出焉，而东南流注于沔[②]。嚻水出焉，北流注于汤水[③]。其上多桃枝、钩端[④]，兽多犀、兕、熊、罴[⑤]，鸟多白翰[⑥]、赤鷩。有草焉，其叶如蕙[⑦]，其本[⑧]如橘梗，黑华而不实[⑨]，名曰蓇[⑩]蓉，食之使人无子。

①嶓(bō)冢之山：在今陕西宁强西北。　②沔(miǎn)：河流名。源出今陕西留坝西，与源出宁强西北的汉水合流后，古代称为沔水或汉水。③汤水：一作“阳水”。　④桃枝、钩端：竹子的名称。桃枝，竹节相距四寸的称为桃枝竹。钩端，桃枝一类的竹子。　⑤罴(pí)：熊的一种，俗称人熊

或马熊。 ⑥白翰：一种白色的山鸡。 ⑦蕙（huì）：香草名。香气如蘼芜。 ⑧本：根部。 ⑨不实：不结果实。 ⑩萺：音 gū。

又西三百五十里，曰天帝之山。上多棕、楠，下多菅、蕙。有兽焉，其状如狗，名曰谿边[①]，席其皮[②]者不蛊。有鸟焉，其状如鹑，黑文而赤翁[③]，名曰栎，食之已痔。有草焉，其状如葵，其臭如蘼芜，名曰杜衡，可以走马[④]，食之已瘿[⑤]。

①谿边：一作“谷遗”。 ②席其皮：拿它的皮作垫子。 ③翁：颈毛。 ④可以走马：意谓马吃了后跑得快。一说谓佩带它能使人便于骑马。 ⑤瘿（yǐng）：颈上长的瘤。

猰 如

西南三百八十里，曰皋涂之山[①]。蔷[②]水出焉，西流注于诸资之水；涂水出焉，南流注于集获之水。其阳多丹粟，其阴多银、黄金，其上多桂木。有白石焉，其名曰礜[③]，可以毒鼠。有草焉，其状如槀茇[④]，其叶如葵而赤背，名曰无条，可以毒鼠。有兽焉，其状如鹿而白尾[⑤]，马脚人手[⑥]而四角，名曰猰如[⑦]。有鸟焉，其状如鸱而人足，名曰数斯，食之已瘿[⑧]。

①皋涂之山：一作“鼻涂之山”。 ②蔷：音 sè。 ③礜：音 yù。 ④槀茇（gǎo bá）：香草名。即槀本。 ⑤一本无“白尾”二字。 ⑥马脚人手：谓前面两足似人手，后面两足似马脚。 ⑦猰（yīng）如：当作“玃（jué）如”。 ⑧瘿：一作“痫”。

又西百八十里，曰黄山。无草木，多竹箭。盼水出焉，西流注于赤水，其中多玉。有兽焉，其状如牛而苍黑大目，其名曰𤛎[1]。有鸟焉，其状如鸮[2]，青羽赤喙，人舌能言，名曰鹦䳇[2]。

①𤛎：音 mǐn。　②鸮（xiāo）：猫头鹰。　③鹦䳇（wǔ）：即鹦鹉。

又西二百里，曰翠山。其上多棕、楠，其下多竹箭，其阳多黄金、玉，其阴多旄牛[1]、麢[2]、麝[3]。其鸟多鸓[4]，其状如鹊，赤黑而两首四足，可以御火。

麢

鸓

①旄（máo）牛：即牦牛。　②麢（líng）：即羚羊。　③麝（shè）：又叫香獐。似獐而小，前肢短，后肢长，蹄小，耳大，无角，分泌的麝香可作药。　④鸓（lěi）：当作“鷝（dié）”。

又西二百五十里，曰騩[1]山。是錞[2]于西海，无草木，多玉。凄水[3]出焉，西流注于海，其中多采石[4]、黄金，多丹粟。

①騩：音 guī。　②錞（chún）：通“蹲”，蹲踞。　③凄水：一作“浽（suī）水”。　④采石：彩色的石块。采，同“彩”。

凡《西经》之首，自钱来之山至于騩山，凡十九山，二千九百五十七里。华山，冢也[1]，其祠之礼：太牢[2]。羭山，神也，祠之用烛[3],斋[4]百日用百牺[5],瘗用百瑜[6],汤[7]其酒百樽[8],婴[9]以百珪[10]百璧。其馀十七山之属,皆毛牷[11]用一羊祠之。烛者百草之未灰[12],白席采等纯之[13]。

①“华山”二句:谓华山为众山之宗主。冢,大,地位高。 ②太牢:古代祭祀时,牛、羊、猪三牲全备称为太牢。 ③烛:指火炬。 ④斋:斋戒,指在举行仪式前清心洁身。 ⑤牺:古代祭祀用的纯色牲畜。 ⑥瑜(yú):美玉。 ⑦汤(tàng):同“烫”。 ⑧樽:盛酒器。 ⑨婴:缠绕。这里指将许多玉石环成圆圈。 ⑩珪(guī):同“圭”。古代长条形,上端为三角状的玉器。 ⑪牷(quán):色纯而完整的祭牲。 ⑫“烛者”句:谓烛用百草扎成。 ⑬“白席”句:谓白茅织成的席用各种颜色的花纹镶边。白席,白茅织成的席。采等,指各种颜色的花纹。纯(zhǔn),镶边。

《西次二经》之首,曰钤[1]山。其上多铜,其下多玉,其木多杻、橿。

①钤:音 qián。

西二百里,曰泰冒之山[1]。其阳多金,其阴多铁。浴水[2]出焉,东流注于河,其中多藻玉[3],多白蛇[4]。

①泰冒之山:一作“秦冒之山”。 ②浴水:当作“洛水”。此指南洛河。 ③藻玉:有彩色纹理的玉。 ④白蛇:一种水蛇。

又西一百七十里,曰数历之山[1]。其上多黄金,其下多银,其木多杻、橿,其鸟多鹦䳇。楚水出焉,而南流注于渭,其中多白珠。

①数历之山:在今陕西陇县境内。

又西北五十里高山[①]。其上多银，其下多青碧[②]、雄黄[③]，其木多棕，其草多竹。泾水[④]出焉，而东流注于渭，其中多磬石、青碧。

①“高山”之上脱一“曰”字。　②青碧：一种青色的玉石。　③雄黄：又叫石黄、鸡冠石，可作颜料，又可供药用。　④泾水：渭河的最大支流，发源于今宁夏南部六盘山东麓，在今陕西高陵入渭河。

西南三百里，曰女床之山。其阳多赤铜，其阴多石涅[①]，其兽多虎、豹、犀、兕。有鸟焉，其状如翟[②]而五采文，名曰鸾鸟，见则天下安宁。

①石涅：即黑石脂，又叫画眉石。　②翟（dí）：一种长尾的野鸡。

又西二百里，曰龙首之山。其阳多黄金，其阴多铁。苕水[①]出焉，东南流注于泾水，其中多美玉。

①苕水：一作“若水”。

又西二百里，曰鹿台之山。其上多白玉，其下多银，其兽多㸲牛、羬羊、白豪[①]。有鸟焉，其状如雄鸡而人面，名曰凫徯[②]，其鸣自叫也，见则有兵[③]。

①白豪：指白色的豪猪。　②凫徯：音 fú xī。　③有兵：谓有战争发生。

凫　徯

西南二百里，曰鸟危之山。其阳多磬石，其阴多檀、楮[①]，其中多女床[②]。鸟危之水出焉，西流注于赤水，其中多丹粟。

①楮：树木名。又叫构树，即本书中多次提到的榖木。　②女床：可能是一种草。

又西四百里，曰小次之山。其上多白玉，其下多赤铜。有兽焉，其状如猿而白首赤足，名曰朱厌，见则大兵[①]。

①见则大兵：又作“见则有兵”、“见则为兵”、“见则有兵起焉”。

又西三百里，曰大次之山。其阳多垩[①]，其阴多碧[②]，其兽多㸲牛、麢羊。

①垩(è)：一种白色的土。　②碧：青绿色或青白色的玉。

又西四百里，曰薰吴之山。无草木，多金、玉。

又西四百里，曰底阳之山[①]。其木多椶[②]、楠、豫[③]、章[④]，其兽多犀、兕、虎、犳[⑤]、㸲牛。

①底(zhǐ)阳之山：当作“厎(zhǐ)阳之山”。　②椶(jì)：即水松，一种落叶乔木。　③豫：即枕(chén)木，又名钓樟、乌樟，一种落叶乔木，高丈馀，似樟。　④章：即樟木，一种常绿乔木，有香气，可提取樟脑和樟油，木质坚密，可制器具。　⑤犳(zhuó)：一种毛皮花纹似豹的兽。

又西二百五十里，曰众兽之山。其上多㻬琈之玉，其下多檀、楮，多黄金，其兽多犀、兕。

又西五百里，曰皇人之山。其上多金、玉，其下多青雄黄[①]。皇水出焉，西流注于赤水，其中多丹粟。

①青雄黄：雄黄的一种，青黑色而坚硬，又叫熏黄。

又西三百里，曰中皇之山。其上多黄金，其下多蕙、棠[①]。

①棠：木名。有赤、白两种。赤棠木理坚韧，果实无味。白棠即棠梨，果实似梨而小，可食，味酸甜。

又西三百五十里，曰西皇之山。其阳多金，其阴多铁，其兽多麋[①]、鹿、牸牛。

①麋（mí）：鹿科动物。因角似鹿，头似马，身似驴，蹄似牛，故又名四不像。

又西三百五十里，曰莱山。其木多檀、楮，其鸟多罗罗[①]，是食人。

①罗罗：一种鸟，未详。《海外北经》记有青兽，状如虎，也名罗罗。

凡《西次二经》之首，自钤山至于莱山，凡十七山，四千一百四十里。其十神者，皆人面而马身。其七神皆人面牛身，四足而一臂，操[①]杖以行，是为飞兽之神；其祠之：毛用少牢[②]，白菅为席。其十辈[③]神者，其祠之：毛一雄鸡，钤而不糈[④]，毛采[⑤]。

①操：持。　②毛用少牢：谓祭祀时毛物只用猪和羊。　③辈：种，类。　④钤（qián）而不糈："钤"疑为"祈"字转代而来。祈而不糈，意为祭祀时不用米。　⑤毛采：意谓毛物只用一杂色雄鸡。

《西次三经》之首，曰崇吾之山[①]。在河之南，北望冢遂[②]，南望岳[③]之泽，西望帝之搏兽之丘[④]，东望蠕[⑤]渊。有木焉，员[⑥]叶而白柎[⑦]，赤华而黑理，其实如枳[⑧]，食之宜子孙。有兽焉，其状如禺而文臂[⑨]，豹虎[⑩]而善投，名曰举父[⑪]。有鸟焉，其状如凫而一翼一目，相得乃飞，名曰蛮蛮[⑫]，见则天下大水。

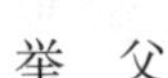

举父

蛮蛮

①崇吾之山:一作“崇丘之山”。　②冢遂:山名。　③谣:音 yáo。　④丘:一作“山”。　⑤螐:音 yān。　⑥员:通“圆”。　⑦柎(fū):花萼。　⑧枳(zhǐ):似橘的一种树木。此指这种树木的果实。　⑨文臂:指臂上有斑纹。　⑩虎:疑为“尾”之误。　⑪举父:一作“夸父”。　⑫蛮蛮:即比翼鸟。

西北三百里,曰长沙之山。泚[①]水出焉,北流注于泑水[②],无草木,多青雄黄。

①泚:音 cǐ。　②泑(yōu)水:同下文所说的“泑泽”。即今新疆境内的罗布泊,因水深而得名。

又西北三百七十里,曰不周之山[①]。北望诸毗之山,临彼岳崇之山,东望泑泽,河水所潜[②]也,其原[③]浑浑泡泡[④]。爰[⑤]有嘉[⑥]果,其实如桃,其叶如枣,黄华而赤柎,食之不劳[⑦]。

①不周之山:因山形缺损,故名。据《淮南子·天文训》记载,山形缺损因共工与颛顼争为帝,怒触此山所致。　②潜:潜流。　③原:同“源”。　④浑浑泡泡:大水涌流的样子。　⑤爰(yuán):语助词,无义。　⑥嘉:同“佳”。　⑦劳:忧愁。

又西北四百二十里，曰峚山①。其上多丹木，员叶而赤茎，黄华而赤实，其味如饴，食之不饥。丹水出焉，西流注于稷泽②，其中多白玉。是有玉膏③，其原沸沸汤汤④，黄帝是食是飨。是生玄玉⑤。玉膏所出，以灌丹木。丹木五岁，五色乃清，五味乃馨⑥。黄帝乃取峚山之玉荣⑦，而投之钟山之阳⑧。瑾瑜之玉为良，坚粟精密⑨，浊泽有而光⑩。五色发作，以和柔刚。天地鬼神，是食是飨；君子服⑪之，以御不祥。自峚山至于钟山四百六十里⑫，其间尽泽也，是多奇鸟、怪兽、奇鱼，皆异物焉。

①峚(mì)山：一作“密山”。　②稷泽：河泽名。因后稷葬于此而得名。　③玉膏：玉的脂膏。古代传说中的仙药。　④沸沸汤汤(shāng shāng)：玉膏涌腾的样子。　⑤玄玉：黑玉。　⑥馨：散发出香气。　⑦玉荣：玉花。　⑧阳：一作“阴”。　⑨坚粟精密：形容玉的纹理坚密。“粟”，一作“栗”。　⑩浊泽有而光：应作“浊泽而有光”。浊，润厚。泽，一作“黑”。　⑪服：佩戴。　⑫四百六十里：下文云“四百二十里”。

又西北四百二十里，曰钟山①。其子曰鼓②，其状如③人面而龙身，是与钦䲹④杀葆江⑤于昆仑之阳，帝乃戮之钟山之东曰䍃崖⑥。钦䲹化为大鹗⑦，其状如雕而黑文白首，赤喙而虎爪，其音如晨鹄⑧，见则有大兵。鼓亦化为鵕⑨鸟，其状如鸱，赤足而直喙，黄文而白首，其音如鹄⑩，见则其邑大旱。

鼓

①钟山：即今内蒙古境内的阴山。　②其子曰鼓：谓钟山之神的儿子名叫鼓。据《海外北经》载，钟山之神名烛阴，又名烛龙，人面蛇身。　③如：此字当为衍字。　④钦䲹(pí)：又作“钦駓(pī)”、“堪坏”、“钦负”。人面兽形的神。　⑤葆江：神名。一作“祖江”。　⑥䍃崖：一作“瑶岸”。　⑦鹗(è)：即鱼鹰。　⑧晨鹄(hú)：也是鹗一类的鸟。　⑨鵕：音 jùn。　⑩鹄：即天鹅。

文鳐鱼

又西百八十里，曰泰器之山。观水[1]出焉，西流注于流沙[2]。是多文鳐鱼[3]，状如鲤鱼[4]，鱼身而鸟翼，苍文而白首赤喙，常行[5]西海，游于东海[6]，以夜飞，其音如鸾鸡[7]，其味酸甘，食之已狂，见则天下大穰[8]。

①观水：又作“雚水”、“濩水”。在今新疆境内。 ②流沙：指今新疆境内白龙堆沙漠一带。 ③文鳐（yáo）鱼：一作“鳐鱼”。 ④鱼：此字当为衍字。 ⑤行：一作“从”。 ⑥游于东海：“游于”之上一本有“而”字。东海，泛指东边的大海。 ⑦鸾鸡：鸟名。一本无“鸡”字。 ⑧穰（ráng）：庄稼丰熟。

又西三百二十里，曰槐江之山。丘时之水出焉，而北流注于泑水，其中多蠃母[1]。其上多青雄黄，多藏[2]琅玕[3]、黄金、玉，其阳多丹粟，其阴多采[4]黄金、银。实惟帝之平圃[5]，神英招司[6]之，其状马身而人面，虎文而鸟翼，徇[7]于四海，其音如榴[8]。南望昆仑，其光熊熊，其气魂魂[9]。西望大泽，后稷所潜[10]也，其中多玉，其阴多榣木之有若[11]。北望诸毗，槐鬼离仑居之，鹰鹯[12]之所宅[13]也。东望恒山四成[14]，有穷鬼居之，各在一搏[15]。爰有淫水[16]，其清洛洛[17]。有天神焉，其状如牛而八足、二首、马尾，其音如勃皇[18]，见则其邑有兵。

英 招

①蠃（luó）母：即蜗牛。蠃，通“螺”。 ②藏：通“臧”。善，好。 ③琅玕（láng gān）：一种似珠玉的美石。 ④采：谓有花纹。 ⑤平圃：即《楚辞》《穆天子传》《淮南子》等书中所说的县圃、玄圃。 ⑥司：管理。

⑦徇(xùn):环行。　⑧榴:未详何物。　⑨"其光"二句:形容光和气很盛的样子。　⑩后稷所潜:谓后稷死后为此泽之神。后稷,古代周民的始祖,舜时曾为农官。　⑪榣(yáo)木之有若:谓榣木之上又生有若木。榣木,大树。若木,传说中一种灵异的大树,又见《大荒北经》。　⑫鹯(zhān):猛禽名。又叫晨风。似鹞,羽毛青黄色,以燕雀鸠鸽为食。　⑬宅:居,住。　⑭恒山四成:恒山四重。恒山,一作"桓山"。　⑮"有穷鬼"二句:谓有群鬼类聚,各处山的四胁。有穷是对群鬼的总称。搏,即胁,腋下肋骨所在的部分。　⑯淫水:当作"瑶水",即《穆天子传》中所说的瑶池。　⑰洛洛:同"落落",水下流的样子。　⑱勃皇:不详何物。

西南四百里,曰昆仑之丘。是[①]实惟帝之下都[②],神陆吾[③]司之,其神状虎身而九尾,人面而虎爪[④]。是神也,司天之九部及帝之囿时[⑤]。有兽焉,其状如羊而四角,名曰土蝼,是食人。有鸟焉,其状如蜂,大如鸳鸯,名曰钦原,蠚[⑥]鸟兽则死,蠚木则枯。有鸟焉,其名曰鹑鸟[⑦],是司帝之百服[⑧]。有木焉,其状如棠[⑨],黄华赤实,其味如李而无核,名曰沙棠,可以御水,食之使人不溺[⑩]。有草焉,名曰蘋草[⑪],其状如葵,其味如葱,食之已劳。河水[⑫]出焉,而东南流注于无达[⑬]。赤水[⑭]出焉,而东南流注于氾[⑮]天之水。洋水[⑯]出焉,而西南流注于丑涂[⑰]之水。黑水出焉,而西流于大杅[⑱],是多怪鸟兽。

土　蝼

①是:此字当为衍字。　②帝之下都:天帝在下界的都城。　③陆吾:即《庄子·大宗师》中所说的山神肩吾。　④"其神状"两句:此神即《海内西经》"海内昆仑之虚"条中所记的开明兽。　⑤"司天"句:谓此神掌管天的九域的部界和天帝苑囿的时节。　⑥蠚(hē):螫。　⑦鹑鸟:凤一类的鸟。　⑧百服:百种器物和服饰。　⑨棠:此指白棠,即棠梨。　⑩不溺:谓入水不沉。　⑪蘋(pín)草:又叫赖草、宽穗碱草。可用来固沙,

也可作饲料。　⑫河水：黄河。古代的“河”、“河水”专指黄河。　⑬无达：山名。　⑭赤水：古代传说昆仑有五色水，赤水即其一。　⑮氾：音 fán。　⑯洋水：又作“漾水”、“养水”。　⑰丑涂：水名，也是山名。　⑱大杅（yú）：山名。

又西三百七十里，曰乐游之山。桃水①出焉，西流注于稷泽，是多白玉。其中多䱻鱼②，其状如蛇而四足，是食鱼。

①桃水：疑即洮水，也就是今甘肃境内的洮河。　②䱻（huá）鱼：当作“鰃（wèi）鱼”。

西水行四百里，曰流沙。二百里至于蠃母之山，神长乘司之，是天之九德①也，其神状如人而犳尾。其上多玉，其下多青石而无水。

①是天之九德：谓其秉天之九德之气而生。

又西三百五十里，曰玉山①。是西王母所居也。西王母其状如人，豹尾虎齿而善啸，蓬发戴胜②，是司天之厉及五残③。有兽焉，其状如犬而豹文，其角如牛④，其名曰狡，其音如吠犬，见则其国大穰。有鸟焉，其状如翟而赤，名曰胜⑤遇，是食鱼，其音如录⑥，见则其国大水。

䱻　鱼

①玉山：因此山多玉石，故名。《穆天子传》称为群玉之山。　②蓬发戴胜：蓬头乱发，戴着玉胜。胜，古代妇女的一种头饰。　③“是司天”句：谓其掌管天的灾异及五刑残杀之气。厉，灾异。五残，指五种残害人体的刑罚。　④牛：一作“羊”。　⑤胜：音 xìng。　⑥录：未详何物。此字疑为误字。

又西四百八十里，曰轩辕之丘①。无草木。洵水出焉，南流

注于黑水，其中多丹粟，多青雄黄。

①轩辕之丘：因黄帝（号轩辕氏）曾居此丘，娶西陵氏女嫘祖，故名。

又西三百里，曰积石之山[①]。其下有石门，河水冒[②]以西流[③]。是山也，万物无不有焉。

①积石之山：指大积石山，在今青海东南部。　②冒：覆盖。　③"西"与"流"之间当有一"南"字。

又西二百里，曰长留之山[①]。其神白帝少昊[②]居之。其兽皆文[③]尾，其鸟皆文[④]首。是多文玉石。实惟员神磈[⑤]氏之宫，是神也，主司反景[⑥]。

①长留之山：一作"长流之山"。　②白帝少昊：五方之天帝中西方之帝为白帝，即少昊金天氏。　③文：一作"长"。　④文：一作"长"。　⑤磈：音 wěi。　⑥反景：指太阳西下时日影反照在东边。景，同"影"。

又西二百八十里，曰章莪[①]之山。无草木，多瑶碧。所为甚怪[②]。有兽焉，其状如赤豹，五尾一角，其音如击石，其名如[③]狰。有鸟焉，其状如鹤，一足，赤文青质而白喙，名曰毕方[④]，其鸣自叫也，见则其邑有讹火[⑤]。

狰

毕　方

①莪：音 é。　②所为甚怪：谓有许多奇怪之物。　③如：当作“曰”。　④毕方：木神名。形似鸟，青色，赤足。可参《海外南经》“毕方鸟”条。　⑤讹(é)火：怪火。讹，同“讹”。

天　狗

又西三百里，曰阴山。浊浴之水[①]出焉，而南流注于蕃泽，其中多文贝。有兽焉，其状如貍[②]而白首，名曰天狗，其音如榴榴[③]，可以御凶。

①浊浴之水：一作“浊谷水”。　②貍：一作“豹”。　③榴榴：一作“猫猫”。

又西二百里，曰符惕之山[①]。其上多棕、楠，下多金、玉。神江疑居之。是山也，多怪雨，风云之所出也。

①符惕(yáng)之山：一作“符阳之山”。

又西二百二十里，曰三危之山[①]。三青鸟[②]居之。是山也，广员[③]百里。其上有兽焉，其状如牛，白身[④]四角，其豪如披蓑[⑤]，其名曰傲洇[⑥]，是食人。有鸟焉，一首而三身，其状如鸫[⑦]，其名曰鸱。

傲　洇

鸱

①三危之山：在今甘肃敦煌一带。　②三青鸟：鸟名。为西王母取食、通信的使者。《大荒西经》云："有三青鸟，赤首黑目，一名曰大鵹(lí)，一名少鵹，一名曰青鸟。"　③员：同"圆"。　④身：一作"首"。　⑤蓑：用棕或草织成的雨衣。　⑥獓㺒(ào yē)：当作"獓狙(áo yè)"。　⑦鵅(luò)：似雕的一种鸟，黑文赤颈。

又西一百九十里，曰騩山。其上多玉而无石。神耆童[①]居之，其音常如钟磬。其下多积蛇[②]。

①耆(qí)童：即老童，颛顼之子。　②积蛇：指蛇聚积在一起。

又西三百五十里，曰天山[①]。多金、玉，有青雄黄。英水出焉，而西南流注于汤谷[②]。有神焉[③]，其状如黄囊[④]，赤如丹火，六足四翼，浑敦[⑤]无面目，是识歌舞，实为帝江[⑥]也。

①天山：指祁连山，在今甘肃西部和青海东北部。　②汤谷：与《海外东经》《大荒东经》所记的日出之地汤谷为异地而同名。　③焉：一作"鸟"。　④囊：口袋。　⑤浑敦：通"混沌"。　⑥帝江(hóng)：即帝鸿，也即黄帝。

又西二百九十里，曰泑山。神蓐收[①]居之。其上多婴短之玉[②]，其阳多瑾瑜之玉，其阴多青雄黄。是山也，西望日之所入，其气员[③]，神红光[④]之所司也。

帝　江

①蓐(rù)收：也是西方之神，人面，虎爪，白毛，执钺。参见《海外西经》"西方蓐收"条。　②婴短之玉：即上文"腧次之山"条所记的婴垣之玉。"婴短"、"婴垣"可能是"婴脰"之误。婴脰之玉是一种可作颈

饰的玉。 ③其气员:因日形圆,故其气也圆。员,通“圆”。 ④红光:即蓐收。

西水行百里,至于翼望之山①。无草木,多金、玉。有兽焉,其状如貍,一目而三尾,名曰讙②,其音如葎百声③,是可以御凶,服之已瘅④。有鸟焉,其状如乌,三首六尾而善笑,名曰鵸鵌⑤,服之使人不厌⑥,又可以御凶。

讙　　　　鵸 鵌

①翼望之山:《中山经·中次一十一山经》有翼望之山,与此山同名。 ②讙:音 huān。 ③“其音”句:谓其能作各种各样的声音。葎(duó):当作“夺”。 ④瘅(dàn):通“疸”,黄疸病。 ⑤鵸鵌(qí tú):《北山经》中“带山”条记有鸟与此鸟同名。 ⑥不厌(yǎn):不产生梦魇。“厌”是“魇”的古字。

凡《西次三经》之首,崇吾之山①至于翼望之山,凡二十三山,六千七百四十四里。其神状皆羊身人面。其祠之礼:用一吉玉②瘗,糈用稷米。

①“崇吾之山”之上脱一“自”字。 ②吉玉:彩色的玉。

《西次四经》之首曰阴山①。上多榖②,无石,其草多茆、蕃③。阴水出焉,西流注于洛。

①阴山：上文有阴山，与此山同名。　②榖：当作“穀”。穀即构树。　③茆(mǎo)、蕃(fán)：两种草名。即凫葵和青蕃。

北五十里，曰劳山。多茈草①。弱水②出焉，而西流注于洛。

①茈(zǐ)草：即紫草。　②弱水：指今陕西洛河上游某支流。

西五十里，曰罢父之山①。洱水出焉，而西南流注于洛，其中多茈②、碧。

①罢父之山：当作“罢谷之山”。　②茈：紫色石头。

北百七十里，曰申山。其上多榖①、柞，其下多杻、橿，其阳多金、玉。区水②出焉，而东流注于河。

①榖：当作“穀”。　②区水：即今陕西延河。

北二百里，曰鸟山。其上多桑，其下多楮，其阴多铁，其阳多玉。辱水出焉，而东流注于河。

又北二十里，曰上申之山。上无草木，而多硌石①，下多榛、楛②，兽多白鹿。其鸟多当扈③，其状如雉，以其髯飞④，食之不眴目⑤。汤水出焉，东流注于河。

①硌(luò)石：大石。　②榛、楛(hù)：两种树木名。榛果实似栗而小。楛树似荆而赤茎。　③当扈：一作“当户”。　④以其髯(rǎn)飞：用它颈下的毛来飞翔。髯，动物咽喉下方的颈毛。　⑤眴(shùn)目：即瞬目，眨眼。

又北八十里，日诸次之山①。诸次之水②出焉，而东流注于河。是山也，多木无草，鸟兽莫居，是多众蛇。

①诸次之山：即今陕西北部榆林山。　②诸次之水：即今陕西北部榆林河。

又北百八十里，曰号山。其木多漆[①]、棕，其草多药、虈、芎䓖[②]，多汵石[③]。端水[④]出焉，而东流注于河。

①漆：一种落叶乔木，树汁可作涂料。　②药、虈(xiāo)、芎䓖(xiōng qióng)：三种植物名。药即白芷。虈是一种香草。芎䓖又叫川芎、江蓠，可入药。　③汵(gàn)石：即云泥，一种柔软如泥的石头，水中土中均有。　④端水：河流名。在今陕西省北部。

又北二百二十里，曰盂山。其阴多铁，其阳多铜，其兽多白狼、白虎，其鸟多白雉、白翟[①]。生水出焉，而东流注于河。

①翟：一作"翠"。

西二百五十里，曰白於之山[①]。上多松、柏，下多栎[②]、檀，其兽多㸲牛、羬羊，其鸟多鸮。洛水出于其阳，而东流注于渭；夹水出于其阴，东流注于生水。

①白於之山：在今甘肃华池。　②栎：柞树。

西北三百里，曰申首之山[①]。无草木，冬夏有雪。申水出于其上，潜于其下，是多白玉。

①申首之山：当作"由首之山"。在今陕西榆林北。

又西五十五里，曰泾谷之山。泾水出焉，东南流注于渭，是多白金、白玉。

又西百二十里，曰刚山。多柒木[①]，多㻬琈之玉。刚水出焉，

北流注于渭。是多神䰠[②]，其状人面兽身，一足一手，其音如钦[③]。

神　䰠

①柒木：即漆树。柒，同“漆”。　②䰠(chì)：魑魅之类的厉鬼。　③钦：通“吟”。

又西二百里，至刚山之尾。洛水出焉，而北流注于河。其中多蛮蛮[①]，其状鼠身而鳖首，其音如吠犬。

①蛮蛮：獭一类的动物，与上文提到的比翼鸟同名。

蛮　蛮

又西三百五十里，曰英鞮之山[①]。上多漆木，下多金、玉，鸟兽尽白。涴水[②]出焉，而北流注于陵羊之泽。是多冉遗之鱼[③]，鱼身，蛇首，六足，其目如马耳，食之使人不眯[④]，可以御凶。

①英鞮(dī)之山：一作“莫靴山”。　②涴(yuān)水：一作“溛水”。　③冉遗之鱼：一作“无遗之鱼”。疑即《北山经·北次三经》“碣石之山”条中所记的蒲夷之鱼。　④不眯：即不厌，不产生梦魇。

冉遗鱼

又西三百里，曰中曲之山。其阳多玉，其阴多雄黄、白玉及金。有兽焉，其状如马而白身、黑尾、一角、虎牙爪，音如鼓音[①]，其名曰驳[2]，是食虎豹，可以御兵[3]。有木焉，其状如棠而员叶赤实，实大如木瓜，名曰櫰[4]木，食之多力。

驳

①音：此字当为衍字。 ②驳(bó)：兽名。似马，曲牙，食虎豹。参见《海外北经》“北海内有兽”条。 ③可以御兵：谓养着它可以避免为兵刃所伤。 ④櫰：音 huái。

又西二百六十里，曰邽山[1]。其上有兽焉，其状如牛，蝟毛[2]，名曰穷奇，音如獋[3]狗，是食人。濛水[4]出焉，南流注于洋水，其中多黄贝[5]、蠃鱼，鱼身而鸟翼，音如鸳鸯，见则其邑大水。

①邽(guī)山：在今甘肃陇西一带。 ②蝟毛：谓长着刺猬毛一样的毛。 ③獋(háo)：同“嗥”。 ④濛水：在今甘肃陇西一带。 ⑤黄贝：一种生活在水中的甲虫。

蠃 鱼

又西二百二十里，曰鸟鼠同穴之山[1]。其上多白虎、白玉。渭水出焉，而东流注于河。其中多鳋[2]鱼，其状如鳣鱼[3]，动则其邑有大兵。滥水[4]出于其西，西流注于汉水。多鴽魮[5]之鱼，其状如覆铫[6]，鸟首而鱼翼鱼尾，音如磬石之声，是生珠玉。

鸟鼠同穴

①鸟鼠同穴之山：即青雀山，在今甘肃渭源西。此山有鸟似燕而黄色，叫作鵌；有鼠如家鼠而短尾，叫作鼵(tú)。鸟在外，鼠

在内，共处一洞穴之中。　②鳋：音 sāo。　③鳣（zhān）鱼：即鳇鱼。　④滥水：即北陇水，源于鸟鼠同穴山西北的高城岭。　⑤鴽魮：音 rú pí。　⑥铫（diào）：一种带柄有嘴的小锅，又叫吊子。

西南三百六十里，曰崦嵫之山[①]。其上多丹木，其叶如榖[②]，其实大如瓜，赤符[③]而黑理，食之已瘅，可以御火。其阳多龟，其阴多玉。苕水[④]出焉，而西流注于海，其中多砥砺[⑤]。有兽焉，其状马身而鸟翼，人面蛇尾，是好举人[⑥]，名曰孰湖。有鸟焉，其状如鸮而人面，蜼[⑦]身犬尾，其名自号也，见则其邑大旱。

鴽魮鱼

人面鸮

①崦嵫（yān zī）之山：在今甘肃天水西。古代认为此山是太阳落下的地方。　②榖：当作"榖"。　③符：通"柎"，花萼。　④苕水：指发源于崦嵫山的洧盘之水。　⑤砥砺：磨石。精细的叫砥，粗糙的叫砺。　⑥好举人：喜欢将人抱住举起来。　⑦蜼（wèi）：猕猴的一种。参见《中山经·中次九经》"鬲山"条。

凡《西次四经》，自阴山以下至于崦嵫之山，凡十九山，三千六百八十里。其神祠礼：皆用一白鸡祈，糈以稻米，白菅为席。

右西经之山，凡七十七山，一万七千五百一十七里。

山海经第三　北山经[①]

《北山经》之首，曰单狐之山[②]。多机木[③]，其上多华草[④]。逢[⑤]水出焉，而西流注于泑水，其中多芘石[⑥]、文石。

①这一经分三个部分，分记北方三列山系诸山的名称、物产和发源于诸山的河流，并对三列山系的山神形状及祭祀时的礼仪作了介绍。　②单狐之山：一作“嶀孤山”。　③机木：树木名。似榆树，可烧灰肥稻田，四川一带多有，又叫桤树。　④华草：不详何草。　⑤逢：音 fēng。　⑥芘石：当为“茈石”之误。

又北二百五十里，曰求如之山。其上多铜，其下多玉，无草木。滑水出焉，而西流注于诸毗之水。其中多滑鱼[①]，其状如鳝[②]，赤背，其音如梧[③]，食之已疣[④]。其中多水马，其状如马，文臂[⑤]牛尾，其音如呼[⑥]。

①滑鱼：一作“鲻(xū)鱼”。　②鳝(shàn)：同“鳝”，黄鳝。　③其音如梧：谓其音像人支吾的声音。梧，枝梧，即支吾，说话含混不清。　④疣(yóu)：病名。指体表上长赘肉或瘤子。　⑤臂：指前脚。　⑥如呼：像人的呼叫声。

又北三百里，曰带山。其上多玉，其下多青碧。有兽焉，其状如马，一角有错[①]，其名曰䑏[②]疏，可以辟火。有鸟焉，其状如乌，五采而赤文，名曰鵸鵌[③]，是自为牝牡，食之不疽[④]。彭水出焉，而西流注于芘湖之水[⑤]。其中多儵[⑥]鱼，其状如鸡而赤毛、三尾、六足、四首[⑦]，其音如鹊，食之可以已忧。

臛　疏

儵　鱼

①错：即甲错，指外壳粗糙不平。　②臛：音 huān。　③鹌鸰：《西山经·西次三经》"翼望之山"条记有鹌鸰，与此为同名异物。　④不疽(jū)：不长痈疽。　⑤芘湖之水：一作"茈湖之水"。　⑥儵(tiáo)：通"鯈"。　⑦首：一作"目"。

又北四百里，曰谯[①]明之山。谯水出焉，西流注于河。其中多何罗之鱼，一首而十身，其音如吠犬[②]，食之已痈。有兽焉，其状如貆[③]而赤豪，其音如榴榴，名曰孟槐，可以御凶[④]。是山也，无草木，多青雄黄[⑤]。

①谯：音 qiáo。　②如吠犬：当作"如犬吠"。　③貆(huán)：即豪猪。　④可以御凶：谓能防避凶邪之气。　⑤青雄黄：一作"青碧"。

何罗鱼

又北三百五十里，曰涿光之山。嚻水出焉，而西流注于河。其中多鳛鳛[①]之鱼，其状如鹊而十翼，鳞皆在羽端，其音如鹊，可以御火，食之不瘅。其上多松、柏，其下多棕、橿，其兽多麢羊，其鸟多蕃[②]。

鳛鳛鱼

①鳛鳛：音 zhě zhě。　②蕃：不详何鸟。

又北三百八十里，曰虢山[①]。其上多漆，其下多桐、椐[②]，其阳多玉，其阴多铁。伊水出焉，西流注于河。其兽多橐驼[③]，其鸟多寓[④]，状如鼠而鸟翼，其音如羊，可以御兵。

寓　鸟

①虢（guó）山：一作“号山”。　②椐（jū）：即樻树，又名灵寿木，多肿节，可作手杖。　③橐驼：即骆驼。　④寓：蝙蝠之类的鸟。

又北四百里，至于虢山之尾。其上多玉而无石。鱼水[①]出焉，西流注于河，其中多文贝。

①鱼水：一作“渔水”。

又北二百里，曰丹熏之山。其上多樗、柏，其草多韭、䪥[①]，多丹雘。熏水出焉，而西流注于棠水。有兽焉，其状如鼠而菟首麋身[②]，其音如獆犬，名曰耳鼠[③]，食之不睬[④]，又可以御百毒。

①韭、䪥（xiè）：两种野菜。韭，山韭，即藿（yù）。䪥，山薤，即葝（qíng）。
②菟（tù）首麋身：一作“兔首麋耳”。菟，同“兔”。“身”当为“耳”之误。
③耳鼠：即鼯鼠，俗称大飞鼠，尾长，前后肢之间有宽而多毛的薄膜，能借此滑翔。　④睬（cǎi）：臌胀病。

又北二百八十里，曰石者之山。其上无草木，多瑶碧[①]。泚水出焉，西流注于河。有兽焉，其状如豹而文题[②]白身，名曰孟极，是善伏[③]，其鸣自呼。

①碧：一作“玉”。　②文题：额上有花纹。题，额。　③伏：隐藏。

又北百一十里，曰边春之山[①]。多葱[②]、葵、韭、桃、李。杠水出焉，而西流注于泑泽。有兽焉，其状如禺而文身[③]，善笑，见人则卧[④]，名曰幽鴳[⑤]，其鸣自呼。

①边春之山：一作“春山”。　②葱：此指茖(gé)葱，一种野葱。　③身：一作“背”。　④见人则卧：谓见到人就装睡。　⑤幽鴳(è)：一作“幽頞(è)”。

又北二百里，曰蔓联之山。其上无草木。有兽焉，其状如禺而有鬣，牛尾，文臂，马蹄，见人则呼[①]，名曰足訾[②]，其鸣自呼。有鸟焉，群居而朋飞[③]，其毛如雌雉，名曰䴔[④]，其鸣自呼，食之已风。

①呼：一作“笑”。　②訾：音 zǐ。　③朋飞：结伴而飞。　④䴔(jiāo)：一作“渴”。

又北百八十里，曰单张之山。其上无草木。有兽焉，其状如豹而长尾，人首而牛耳，一目，名曰诸犍[①]，善吒[②]，行则衔其尾，居则蟠[③]其尾。有鸟焉，其状如雉而文首、白翼、黄足，名曰白鵺[④]，食之已嗌[⑤]痛，可以已痸[⑥]。栎水出焉，而南流注于杠水。

①犍：音 jiān。　②吒(zhà)：同“咤”，怒叫。　③蟠：盘曲。　④鵺：音 yè。　⑤嗌(yì)：咽喉。　⑥痸(chì)：颠狂病。

诸　犍

又北三百二十里，曰灌题之山。其上多樗、柘[①]，其下多流沙，多砥。有兽焉，其状如牛而白尾，其音如訆[②]，名曰那父[③]。有鸟焉，其状如雌雉而人面，见人则跃，名曰竦斯，其鸣自呼也。匠韩之水出焉，而西流注于泑泽，其中多磁石。

竦 斯

①柘(zhè):一种灌木或小乔木,木质坚密,叶可饲蚕,树汁可用于染色。 ②讠(jiào):同"叫"。 ③那父:一作"犸(nuó)父"。

又北二百里,曰潘侯之山。其上多松、柏,其下多榛、楛,其阳多玉,其阴多铁。有兽焉,其状如牛而四节生毛,名曰旄牛。边水出焉,而南流注于栎泽。

又北二百三十里,曰小咸之山。无草木,冬夏有雪。

北二百八十里,曰大咸之山。无草木,其下多玉。是山也,四方,不可以上。有蛇名曰长蛇,其毛如彘豪[①],其音如鼓柝[②]。

长 蛇

①彘豪:猪鬃。 ②鼓柝(tuò):指敲击木柝发出的声音。柝,古时巡夜者击以报更的木梆。

又北三百二十里,曰敦薨之山[①]。其上多棕、楠,其下多茈草。敦薨之水[②]出焉,而西流注于泑泽。出于昆仑之东北隅,实惟河原,其中多赤鲑[③]。其兽多兕、旄牛[④],其鸟多鳲鸠[⑤]。

①敦薨之山:今名海都山,在今新疆焉耆北。 ②敦薨之水:即今新疆中部的开都河和尉犁以上的孔雀河。 ③鲑(guī):冷水性鱼类,种类颇多,如今黑龙江流域的大马哈鱼即属此类。 ④旄牛:一作"朴牛"。⑤鳲(shī)鸠:当作"尸鸠",即布谷鸟。

又北二百里,曰少咸之山。无草木,多青碧。有兽焉,其状

如牛而赤身、人面、马足，名曰窫窳[①]，其音如婴儿，是食人。敦水出焉，东流注于雁门之水，其中多魳魳之鱼[②]，食之杀人[③]。

①窫窳(yà yǔ)：此兽与《海内南经》和《海内西经》中所记的窫窳为异物而同名。　②魳魳(bèi bèi)之鱼：即江豚，又称江猪，哺乳动物，生活在温带和热带的港湾淡水中。　③食之杀人：这里指人吃了会中毒而死。

又北二百里，曰狱法之山。瀤[①]泽之水出焉，而东北流注于泰泽。其中多鱳[②]鱼，其状如鲤而鸡足，食之已疣。有兽焉，其状如犬而人面，善投，见人则笑，其名山猈[③]，其行如风，见则天下大风。

鱳　鱼

山　猈

①瀤：音 huái。　②鱳：音 zǎo。　③猈：音 huī。

又北二百里[①]，曰北岳之山。多枳、棘、刚木[②]。有兽焉，其

诸　怀

鮨　鱼

状如牛而四角、人目、彘耳，其名曰诸怀，其音如鸣雁，是食人。诸怀之水出焉，而西流注于嚻水。其中多鮨[③]鱼，鱼身而犬首，其音如婴儿，食之已狂。

①二百里：一作“一百里”。 ②刚木：木质坚硬的树木。 ③鮨：音 yì。

又北百八十里，曰浑夕之山。无草木，多铜、玉。嚻水出焉，而西北流注于海。有蛇一首两身，名曰肥遗，见则其国大旱。

肥 遗

又北五十里，曰北单之山。无草木，多葱、韭。

又北百里，曰罴差之山。无草木，多马[①]。

①马：指野马。

又北百八十里，曰北鲜之山。是多马。鲜水出焉，而西北流注于涂吾之水[①]。

①涂吾之水：即《汉书·武帝本纪》中说的“余吾水”，也就是今蒙古国境内的土拉河。

又北百七十里，曰隄山。多马。有兽焉，其状如豹而文首，名曰狕[①]。隄水出焉，而东流注于泰泽，其中多龙龟[②]。

①狕：音 yǎo。 ②龙龟：即吉吊，龙种龟身。

凡《北山经》之首，自单狐之山至于隄山，凡二十五山，五千四百九十里。其神皆人面蛇身。其祠之：毛用一雄鸡、彘瘗，吉

玉用一珪，瘗而不糈。其山北人，皆生食不火之物[①]。

①生食不火之物：一作“生食而不火”。

《北次二经》之首，在河之东，其首枕汾[①]，其名曰管涔之山[②]。其上无木而多草，其下多玉。汾水出焉，而西流注于河。

①汾：河流名。黄河支流，在山西河津入黄河。　②管涔（cén）之山：在今山西宁武，汾水发源于此。

又西[①]二百五十里，曰少阳之山[②]。其上多玉，其下多赤银[③]。酸水出焉，而东流注于汾水，其中多美赭。

①西：当作“北”。　②少阳之山：在今山西交城西南。　③赤银：古人认为是银精。

又北五十里，曰县雍之山[①]。其上多玉，其下多铜，其兽多闾[②]、麋，其鸟多白翟、白䳒[③]。晋水出焉，而东南流注于汾水。其中多鮆鱼，其状如儵而赤麟[④]，其音如叱[⑤]，食之不骄[⑥]。

①县雍（wèng）之山：今名悬瓮山，在今山西太原西南。　②闾：即羭（yú），似驴而歧蹄，角如羚羊，又名山驴。　③白䳒（yǒu）：即白翰。参见《西山经》“嶓冢之山”条注⑥。　④麟：当作“鳞”。　⑤叱：一作“吒”。⑥骄：一作“骚”。

又北二百里，曰狐岐之山[①]。无草木，多青碧。胜水出焉，而东北流注于汾水，其中多苍玉。

①狐岐之山：在今山西孝义西。

又北三百五十里，曰白沙山。广员三百里，尽沙也，无草木鸟兽。鲔[①]水出于其上，潜于其下，是多白玉。

①鲔：音 wěi。

驳马

又北四百里，曰尔是之山。无草木，无水。

又北三百八十里，曰狂山。无草木。是山也，冬夏有雪。狂水出焉，而西流注于浮水，其中多美玉。

又北三百八十里，曰诸馀之山。其上多铜、玉，其下多松、柏。诸馀之水出焉，而东流注于旄水。

又北三百五十里，曰敦头之山。其上多金、玉，无草木。旄水出焉，而东流注于印泽[①]。其中多驳[②]马，牛尾而白身，一角，其音如呼。

①印泽：当作“邛泽”。　②驳：音 bó。

又北三百五十里，曰钩吾之山。其上多玉，其下多铜。有兽焉，其状如[①]羊身人面，其目在腋下，虎齿人爪，其音如婴儿，名曰狍鸮[②]，是食人。

①如：此字疑为衍字。　②狍（páo）鸮：也叫饕餮（tāo tiè），传说为一种贪食的恶兽，古代钟、鼎、彝等器物上多刻其头部形状作为装饰。

狍鸮

又北三百里，曰北嚻之山。无石，其阳多碧，其阴多玉。有兽焉，其状如虎而白身、犬首、马尾、彘鬣，名曰独狢①。有鸟焉，其状如乌，人面，名曰鹙鹛②，宵飞而昼伏，食之已暍③。涔水出焉，而东流注于邛泽。

鹙鹛

①狢：音 yù。　②鹙鹛：音 pán mào。　③暍（yē）：中暑。

又北三百五十里，曰梁渠之山。无草木，多金、玉。脩水出焉，而东流注于雁门①。其兽多居暨，其状如彙②而赤毛，其音如豚。有鸟焉，其状如夸父③，四翼一目，犬尾，名曰嚻，其音如鹊，食之已腹痛，可以止衕④。

嚻

①雁门：这里是河流名，即今之南洋河。源出今内蒙古丰镇东北，南流入山西，经今阳高、天镇，东流至今河北怀安与东洋河合流，称洋河。　②彙（wèi）：通“猬”，刺猬。　③夸父：即《西山经·西次三经》“崇吾之山”条中所说的举父。　④衕（dòng）：腹泻。

又北四百里，曰姑灌之山。无草木。是山也，冬夏有雪。

又北三百八十里，曰湖灌之山。其阳多玉，其阴多碧，多马。湖灌之水出焉，而东流注于海，其中多䱇①。有木焉，其叶如柳而赤理。

①䱇（shàn）：同“鳝”。

又北水行五百里，流沙三百里，至于洹①山。其上多金、玉。

三桑生之，其树皆无枝，其高百仞，百果树生之。其下多怪蛇。

①洹：音 huán。

又北三百里，曰敦题之山①。无草木，多金、玉。是錞①于北海。

①錞(chún)：通“蹲”。

凡《北次二经》之首，自管涔之山至于敦题之山，凡十七山，五千六百九十里。其神皆蛇身人面。其祠：毛用一雄鸡、彘瘗，用一璧一珪，投而不糈。

《北次三经》之首，曰太行之山①。其首曰归山。其上有金石，其下有碧。有兽焉，其状如麢羊而四角，马尾而有距，其名曰䮝②，善还③，其名自训。有鸟焉，其状如鹊，白身赤尾，六足，其名曰鷶④，是善惊，其鸣自詨⑤。

䮝　　鷶

①太行之山：山脉名。在山西高原和河北平原之间，从东北向西南延伸，北起拒马河谷，南至晋、豫边境黄河沿岸。　②䮝：音 hún。　③还(xuán)：盘旋而舞。　④鷶：音 bēn。　⑤詨(jiào)：呼叫。

又东北二百里，曰龙侯之山。无草木，多金、玉。决决之水[①]出焉，而东流注于河。其中多人鱼，其状如鳑鱼[②]，四足，其音如婴儿，食之无痴疾[③]。

人　鱼

①决决(jué jué)之水：一作“决水”。

②鳑(tí)鱼：即鲵鱼，俗称娃娃鱼，因其叫声如小孩啼哭而得名。参见《中山经·中次七经》“少室山”条和《西山经》“竹山”条。　③痴疾：痴呆症。

天　马

又东北二百里，曰马成之山。其上多文石，其阴多金、玉。有兽焉，其状如白犬而黑头，见人则飞，其名曰天马，其鸣自讠。有鸟焉，其状如乌，首白而身青足黄，是名曰鶌鶋[①]，其鸣自詨，食之不饥，可以已寓[②]。

①鶌鶋：音 qū jū。　②寓：通“痛(yù)”，疣病。

又东北七十里，曰咸山。其上有玉，其下多铜，是多松、柏，草多茈草。条菅之水出焉，而西南流注于长泽，其中多器酸[①]，三岁一成，食之已疠。

飞　鼠

①器酸：不详何物。一说泽水静止而不流动，积久变酸。

又东北二百里，曰天池之山。其上无草木，多文石。有兽焉，其状如兔而鼠首，以其背飞，其名曰飞鼠。渑水出焉，潜于其下，其中多黄垩。

又东三百里，曰阳山。其上多玉，其下多金、铜。有兽焉，其状如牛而赤尾，其颈肾[①]，其状如句翟[②]，其名曰领胡，其鸣自诐，食之已狂。有鸟焉，其状如雌雉而五采以文，是自为牝牡，名曰象蛇，其鸣自诐。留水出焉，而南流注于河。其中有䱤[③]父之鱼，其状如鲋鱼，鱼首而彘身，食之已呕。

①肾(shèn)：肉隆起状。 ②句翟：即斗。 ③䱤：音 xiàn。

又东三百五十里，曰贲闻之山。其上多苍玉，其下多黄垩，多涅石[①]。

①涅石：黑矾石，古代用作黑色颜料。

又北百里，曰王屋之山[①]。是多石。㴒[②]水出焉，而西北流于泰泽。

①王屋之山：在今山西阳城西南，河南济源西北。 ②㴒：音 lián。

又东北三百里，曰教山[①]。其上多玉而无石。教水出焉，西流注于河，是水冬干而夏流，实惟干河。其中有两山。是山也，广员三百步，其名曰发丸之山，其上有金、玉。

酸 与

①教山：在今山西垣曲。

又南三百里，曰景山[①]。南望盐贩之泽[②]，北望少泽。其上多草、藷芎[③]，其草多秦椒[④]，其阴多赭，其阳多玉。有鸟焉，其状如蛇而四翼、六

目、三足，名曰酸与，其鸣自诶，见则其邑有恐[⑤]。

①景山：在今山西闻喜东南。　②盐贩之泽：指今山西运城东的盐池。一本无“贩”字。　③藷萸（shǔ yù）：即薯蓣（yù），又称山药，块茎可食用，也可入药。　④秦椒：即花椒，果实可作调味品，也可入药。　⑤有恐：谓有可怕的事情发生。

又东南三百二十里，曰孟门之山[①]。其上多苍玉，多金，其下多黄垩，多涅石。

①孟门之山：在今山西吉县西，陕西宜川东北，被黄河一分为二。

又东南三百二十里，曰平山[①]。平水出于其上，潜于其下，是多美玉。

①平山：在今山西临汾。

又东二百里[①]，曰京山。有美玉，多漆木，多竹，其阳有赤铜，其阴有玄礵[②]。高水出焉，南流注于河。

①二百里：一作“三百里”。　②玄礵（sù）：黑色的砥石。

又东二百里[①]，曰虫尾之山。其上多金、玉，其下多竹，多青碧。丹水出焉，南流注于河。薄水出焉，而东南流注于黄泽[②]。

①二百里：一作“三百里”。　②黄泽：在今河南内黄。

又东三百里，曰彭??之山[①]。其上无草木，多金、玉，其下多水。蚤林之水出焉，东南流注于河。肥水出焉，而南流注于床水，其中多肥遗之蛇。

①彭毗之山：一作“鼓毗之山”。

又东百八十里，曰小侯之山。明漳之水出焉，南流注于黄泽。有鸟焉，其状如乌而白文，名曰鸪鸐[①]，食之不灂[②]。

①鸐：音 xí。　②灂（jiào）：眼睛昏花。

又东三百七十里，曰泰头之山。共[①]水出焉，南注于虖池[③]。其上多金、玉，其下多竹箭。

①共：音 gōng。　②虖池（tuó）：即下文所说的“虖沱”，今名滹沱河。发源于山西五台山东北的泰戏山，在河北献县与釜阳河汇合成子牙河。

又东北二百里，曰轩辕之山。其上多铜，其下多竹。有鸟焉，其状如枭而白首，其名曰黄鸟，其名自讠，食之不妒。

又北二百里，曰谒戾之山[①]。其上多松、柏，有金、玉。沁水[②]出焉，南流注于河。其东有林焉，名曰丹林。丹林之水出焉，南流注于河。婴侯之水出焉，北流注于汜水。

①谒戾之山：在今山西沁源。　②沁水：即沁河，黄河支流，在今河南武陟注入黄河。

东三百里，曰沮洳之山[①]。无草木，有金、玉。濝水[②]出焉，南流注于河。

①沮洳（jù rù）之山：在今河南辉县。　②濝（qí）水：即今之淇河。古为黄河支流，在今河南卫辉东北入黄河；东汉以后，成为卫河支流。

又北三百里，曰神囷之山[①]。其上有文石，其下有白蛇，有飞虫。黄水出焉，而东流注于洹[②]。滏水[③]出焉，而东流注于欧水。

①神囷(qūn)之山:在今河南林州。　②洹(huán):河流名。又名安阳河,在今河南北部,源出林州,东流至内黄入卫河。　③滏(fǔ)水:即今滏阳河,在今河北西南部,为子牙河的南源。

又北二百里,曰发鸠之山[1]。其上多柘木。有鸟焉,其状如乌,文首,白喙,赤足,名曰精卫,其鸣自诙。是炎帝[2]之少女[3],名曰女娃。女娃游于东海[4],溺而不返,故为精卫,常衔西山[5]之木石,以堙[6]于东海。漳水[7]出焉,东流注于河。

①发鸠之山:也叫发苞山、鹿谷山、廉山,在今山西长子。　②炎帝:传说中的上古部落联盟首领,为五帝之一。　③少女:最小的女儿。　④东海:泛指东边的海。　⑤西山:泛指西边的山。　⑥堙(yīn):填。　⑦漳水:此指浊漳河的南源一支。漳河在今河北、河南两省边境,有清、浊漳河两源,均发源于今山西省,东南流入卫河(汉以前注入黄河)。

又东北百二十里,曰少山[1]。其上有金、玉,其下有铜。清漳之水出焉,东流[2]于浊漳之水。

①少山:在今山西昔阳。　②“东流”两字下面当脱一“注”字。

又东北二百里,曰锡山[1]。其上多玉,其下有砥。牛首之水出焉,而东流注于滏水。

①锡山:又名堵山,在今河北武安。

又北二百里,曰景山[1]。有美玉。景水出焉,东南流注于海泽。

①景山:在今河北邯郸西南。

又北百里，曰题首之山。有玉焉，多石，无水。

又北百里，曰绣山。其上有玉、青碧，其木多栒[①]，其草多芍药[②]、芎䓖。洧[③]水出焉，而东流注于河，其中有鳠[④]、黾[⑤]。

①栒(xún)：一种树枝可以作杖的树。　②芍药：一种多年生草本植物，花供观赏，根可入药。　③洧：音 wěi。　④鳠(hù)：一种似鲇而大，灰褐色的鱼，又叫鮰(huí)鱼。　⑤黾(mǐn)：蛙的一种，似青蛙，腹大。

又北百二十里，曰松山[①]。阳水出焉，东北流注于河。

①松山：疑指今山西襄垣的好松山。

又北百二十里，曰敦与之山[①]。其上无草木，有金石。溹[②]水出于其阳，而东流注于泰陆之水[③]；泜水[④]出于其阴，而东流注于彭水[⑤]。槐水出焉，而东流注于泜泽[⑥]。

①敦与之山：在今河北临城西南。　②溹：音 suò。　③泰陆之水：即今河北巨鹿、任县一带的大陆泽。　④泜(zhī)水：即今泜河，在今河北宁晋注入滏阳河。　⑤彭水：即今柳林河、马河，注入大陆泽。　⑥泜泽：指宁晋泊。宁晋泊是古大陆泽的一部分，今已被垦殖。

又北百七十里，曰柘山。其阳有金、玉，其阴有铁。历聚之水出焉，而北流注于洧水。

又北三百里，曰维龙之山。其上有碧玉，其阳有金，其阴有铁。肥水出焉，而东流注于皋泽，其中多礨石[①]。敞铁之水出焉，而北流注于大泽。

①礨(lěi)石：大石。一作"垒石"。

又北百八十里，曰白马之山[①]。其阳多石玉，其阴多铁，多赤铜。木马之水[③]出焉，而东北流注于虖沱[③]。

①白马之山：在今山西盂县北。　②木马之水：俗称牧马河，今在山西定襄东北，入滹沱河。　③虖沱：参见上文"泰头之山"条注③。

又北二百里，曰空桑之山。无草木，冬夏有雪。空桑之水出焉，东流注于虖沱。

又北三百里，曰泰戏之山[①]。无草木，多金、玉。有兽焉，其状如羊，一角一目，目在耳后，其名曰辣辣[②]，其鸣自训。虖沱之水出焉，而东流注于溇[③]水。液女之水出于其阳，南流注于沁水。

辣　辣

①泰戏之山：在今山西繁峙东北。　②辣辣：音 dōng dōng。　③溇：音 lóu。

又北三百里，曰石山。多藏[①]金玉。濩濩之水出焉，而东流注于虖沱。鲜于之水出焉，而南流注于虖沱。

①藏：通"臧"，善，佳。

又北二百里，曰童戎之山。皋涂之水出焉，而东流注于溇液水。

又北三百里，曰高是之山[①]。滋水[②]出焉，而南流注于虖沱。其木多棕，其草多条。滱水[③]出焉，东流注于河。

①高是之山：在今山西灵丘。　②滋水：即今之河北磁河。　③滱(kòu)水：中上游即今河北的唐河，下游即今大清河。

又北三百里，曰陆山。多美玉。鄚水[①]出焉，而东流注于河。

①鄞(jiāng)水:一作"郯水"。

又北二百里,曰沂山。般[①]水出焉,而东流注于河。

①般:音 pán。

北百二十里,曰燕山。多婴石[①]。燕水出焉,东流注于河。

①婴石:一种似玉的石头,有带状彩纹,又叫燕石。

又北山行五百里,水行五百里,至于饶山。是无草木,多瑶碧,其兽多橐驼[①],其鸟多鹠[②]。历虢之水出焉,而东流注于河,其中有师鱼[③],食之杀人。

①橐驼(tuó):即骆驼。 ②鹠(liú):即鸺(xiū)鹠,一种猛禽,属鸱鸮科。 ③师鱼:即鲵,娃娃鱼。

獂

又北四百里,曰乾山。无草木,其阳有金、玉,其阴有铁而无水。有兽焉,其状如牛而三足,其名曰獂[①],其鸣自詨。

①獂(yuán 或 huán):一作"豲(huán)"。

罴

又北五百里,曰伦山。伦水出焉,而东流注于河。有兽焉,其状如麋,其川[①]在尾上,其名曰罴[②]。

①川:当为"州"字之误。州,窍。 ②罴:当作"罴九",脱"九"字。

又北五百里，曰碣石之山[①]。绳水出焉，而东流注于河，其中多蒲夷之鱼[②]。其上有玉，其下多青碧。

①碣石之山：即今河北昌黎北的仙台山。　②蒲夷之鱼：疑即冉遗鱼。参见《西山经·西次四经》“英鞮之山”条。

又北水行五百里，至于雁门之山[①]。无草木。

①雁门之山：在今山西代县西北，因雁出其间，故名。

又北水行四百里，至于泰泽。其中有山焉，曰帝都之山，广员百里，无草木，有金、玉。

又北五百里，曰錞于毋逢之山。北望鸡号之山[①]，其风如飚[②]。西望幽都之山，浴水出焉。是有大蛇，赤首白身，其音如牛，见则其邑大旱。

①“鸡号之山”：一作“惟号之山”。　②飚(lì)：风急貌。

凡《北次三经》之首，自太行之山以至于无逢之山[①]，凡四十六山，万二千三百五十里。其神状皆马身而人面者廿[②]神。其祠之：皆用一藻[③]、茝[④]瘗之。其十四神状皆彘身而载[⑤]玉。其祠之：皆玉，不瘗。其十神状皆彘身而八足蛇尾。其祠之：皆用一璧瘗之。大凡四十四神，皆用稌糈米祠之，此皆不火食[⑥]。

①无逢之山：即上文所说的錞于毋逢之山。　②廿(niàn)：二十。　③藻：此指聚藻，水藻的一种。　④茝(chǎi)：一种香草。　⑤载：通“戴”。　⑥不火食：生食。

右北经之山志，凡八十七山，二万三千二百三十里[①]。

①据郝懿行统计，为八十八山，二万四千二百六十里。

山海经第四　东山经[①]

《东山经》之首，曰樕螽[②]之山。北临乾昧[③]。食水出焉，而东北流注于海。其中多鳙鳙[④]之鱼，其状如犁牛[⑤]，其音如彘鸣[⑥]。

①这一经分四个部分，分记东方四列山系诸山的名称、物产和发源于诸山的河流，并对四列山系的山神形状及祭祀时的礼仪作了介绍。　②樕螽：音 sù zhū。　③乾昧：山名。即后《东次四经》所记的北号之山。　④鳙鳙：音 yōng yōng。　⑤犁牛：一种毛色似老虎的牛。　⑥鸣：此字当为衍字。

又南三百里，曰藟[①]山。其上有玉，其下有金。湖水出焉，东流注于食水，其中多活师[②]。

①藟：音 lěi。　②活师：即蝌蚪。

从　从

又南三百里，曰栒状之山[①]。其上多金、玉，其下多青碧石。有兽焉，其状如犬，六足，其名曰从从，其鸣自设。有鸟焉，其状如鸡而鼠毛[②]，其名曰蚩[③]鼠，见则其邑大旱。沢[④]水出焉，而北流注于湖水。其中多箴鱼，其状如儵，其喙如箴[⑤]，食之无疫疾。

①栒(xún)状之山：疑为“拘扶山”之误。　②毛：一作“尾”。　③䖪：音zī。　④汉：音zhǐ。　⑤箴：即针。

䖪　鼠

又南三百里，曰勃亝[1]之山。无草木，无水。

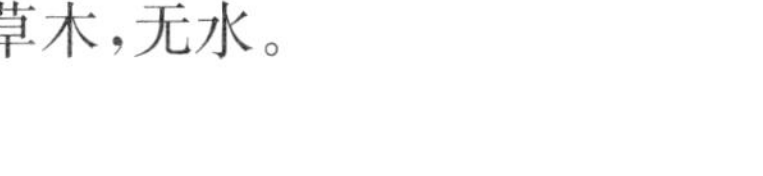

①亝(qí)：同“齐”。

又南三百里，曰番条之山。无草木，多沙。減[1]水出焉，北流注于海，其中多鳡鱼[2]。

①減：同“减”。　②鳡(gǎn)鱼：又名黄钻、竿鱼，性凶猛，捕食各种鱼类。

又南四百里，曰姑儿之山。其上多漆，其下多桑、柘。姑儿之水出焉，北流注于海，其中多鳡鱼。

又南四百里，曰高氏之山。其上多玉，其下多箴石[1]。诸绳之水出焉，东流注于泽，其中多金、玉。

①箴石：一种可以制作砭针以治疗痈肿的石头。

又南三百里，曰岳山。其上多桑，其下多樗。泺[1]水出焉，东流注于泽，其中多金、玉。

①泺：音luò。

又南三百里，曰犲[1]山。其上无草木，其下多水，其中多堪抒[2]之鱼。其[3]兽焉，其状如夸父而彘毛，其音如呼，见则天下大水。

①犲(chái)：同“豺”。 ②孖：音 xù。
③其：当作“有”。

又南三百里，曰独山。其上多金、玉，其下多美石。末涂之水出焉，而东南流注于沔。其中多偹蛹[①]，其状如黄蛇，鱼翼，出入有光，见则其邑大旱。

偹 蛹

①偹蛹：音 tiáo yóng。

又南三百里，曰泰山[①]。其上多玉[②]，其下多金。有兽焉，其状如豚而有珠，名曰狪狪[②]，其鸣自训。环水[③]出焉，东流注于江[④]，其中多水玉。

①泰山：即今之东岳泰山。 ②玉：一作“石”。 ③狪狪：音 tóng tóng。 ④江：一作“海”。

又南三百里，曰竹山[①]。錞于江[②]，无草木，多瑶碧。激水出焉，而东南流注于娶檀之水，其中多茈羸[③]。

①竹山：即蜀山，在今山东汶上。 ②江：一作“淮”。 ③茈羸：当作“茈蠃”，即紫色的螺。

凡《东山经》之首，自樕螽之山以至于竹山，凡十二山，三千六百里[①]。其神状皆人身龙首。祠：毛用一犬祈，聃[②]用鱼。

①据郝懿行统计，为三千五百里。 ②聃(èr)：以牲血涂器祭神。一作“衈(èr)”。

《东次二经》之首，曰空桑之山[①]。北临食水，东望沮[②]吴，南望沙陵，西望滑泽。有兽焉，其状如牛而虎文，其音如钦[③]，其名曰軨軨[④]，其鸣自叫，见则天下大水。

①空桑之山：在今山东曲阜一带。　②沮：音 jū。　③钦：一作“吟”。　④軨軨：音 líng líng。

又南六百里，曰曹夕之山。其下多穀[①]而无水，多鸟兽。

①穀：当作“榖”。

又西南四百里，曰峄[①]皋之山。其上多金、玉，其下多白垩。峄皋之水出焉，东流注于激女之水[②]，其中多蜃、珧[③]。

①峄：音 yì。　②激女之水：一作“激汝之水”。　③蜃（shèn）、珧（yáo）：两种蚌类动物。

又南水行五百里，流沙三百里，至于葛山之尾。无草木，多砥砺。

又南三百八十里，曰葛山之首。无草木。澧[①]水出焉，东流注于余泽。其中多珠蟞[②]鱼，其状如胏[③]而有[④]目六足，有珠，其味酸甘，食之无疠[⑤]。

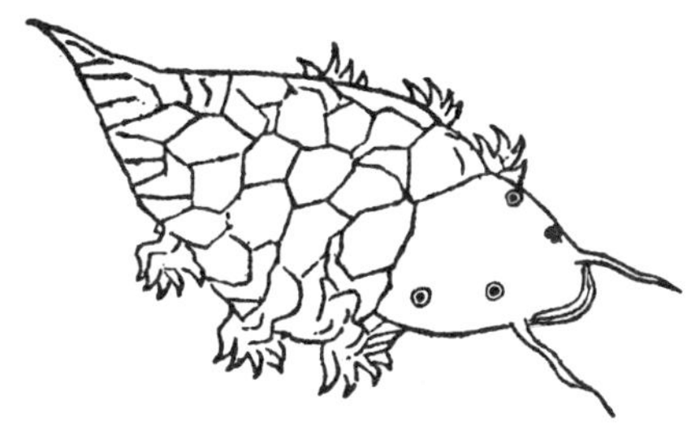
珠蟞鱼

①澧：音 lǐ。　②蟞：音 biē。
③胏（fèi）：同“肺”。　④有：当作“四”。　⑤疠：指瘟疫。

又南三百八十里，日馀峩[①]之山。其上多梓、楠，其下多荆、芑[②]。杂余之水出焉，东流注于黄水。有兽焉，其状如菟而鸟喙、鸱目、蛇尾，见人则眠[③]，名曰犰狳[④]，其鸣自訆，见则螽蝗为败[⑤]。

①峩(é):一作“我”。　②芑:同“杞”。　③见人则眠:谓见到人就装死。　④犰狳(qiú yú):一作“犰(jǐ)狳”。　⑤螽(zhōng)蝗为败:谓蝗虫危害禾苗。螽,蝗虫,一作“虫”。

又南三百里,曰杜父之山。无草木,多水。

朱　獳

又南三百里,曰耿山。无草木,多水碧[①],多大蛇。有兽焉,其状如狐而鱼翼,其名曰朱獳[②],其鸣自训,见则其国有恐。

①水碧:水晶一类的矿物。　②獳:音 rú。

又南三百里,曰卢其之山[①]。无草木,多沙石。沙水出焉,南流注于涔水。其中多鵹鹕[②],其状如鸳鸯而人足,其鸣自训,见则其国多土功。

①卢其之山:一作“宪期之山”。　②鹕:音 hú。

又南三百八十里,曰姑射之山[①]。无草木,多水。

①姑射(yè)之山:在今山西临汾西。《海内北经》中记有列姑射和姑射国,可参看。

又南水行三百里,流沙百里,曰北姑射之山。无草木,多石。

又南三百里,曰南姑射之山。无草木,多水。

又南三百里,曰碧山。无草木,多大蛇,多碧、水玉。

又南五百里,曰缑氏之山[①]。无草木,多金、玉。原水出焉,东流注于沙泽。

①缑(gōu)氏之山:在今河南缑氏,县因山而得名。

又南三百里，曰姑逢之山。无草木，多金、玉。有兽焉，其状如狐而有翼，其音如鸿雁，其名曰獙獙①，见则天下大旱。

獙　獙

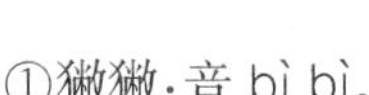

①獙獙：音 bì bì。

又南五百里，曰凫丽之山。其上多金、玉，其下多箴石。有兽焉，其状如狐而九尾、九首、虎爪，名曰蠪姪①，其音如婴儿，是食人。

蠪　姪

①蠪(lóng)姪：当作“蠪蛭”。

又南五百里，曰磹①山。南临磹水，东望湖泽。有兽焉，其状如马而羊目②、四角、牛尾，其音如獆狗，其名曰䘤䘤③，见则其国多狡客④。有鸟焉，其状如凫而鼠尾，善登木，其名曰絜⑤钩，见则其国多疫。

䘤　䘤

①磹：音 yīn。　②目：一作“首”。　③䘤䘤(yóu yóu)：当作“莜莜”。　④狡客：狡猾之徒。　⑤絜：音 xié。

凡《东次二经》之首，自空桑之山至于磹山，凡十七山，六千六百四十里。其神状皆兽身人面载觡①。其祠：毛用一鸡祈，婴用一璧瘗。

①载觡(gé):谓长有麋鹿那样的角。载,通“戴”。觡,麋鹿类动物的角。

又[①]《东次二经》之首,曰尸胡之山。北望殚[②]山,其上多金、玉,其下多棘。有兽焉,其状如麋而鱼目,名曰妴[③]胡,其鸣自训。

①“又”字为衍字。 ②殚:音 xiáng。 ③妴:音 wǎn。

又南水行八百里,曰岐山[①]。其木多桃、李,其兽多虎。

①岐山:与今陕西岐山东北的岐山同名,但不是同一山。

又南水行五百里,曰诸钩之山。无草木,多沙石。是山也,广员百里,多寐鱼[①]。

①寐鱼:即鮇(wèi)鱼,又叫嘉鱼,淡水中鲑科鱼类的一种。

又南水行七百里,曰中父之山。无草木,多沙。

又东水行千里,曰胡射[①]之山。无草木,多沙石。

①射:音 yè。

又南水行七百里,曰孟子之山[①]。其木多梓、桐,多桃、李,其草多菌蒲[②],其兽多麋、鹿。是山也,广员百里,其上有水出焉,名曰碧阳,其中多鳣、鲔[③]。

①孟子之山:一作“孟于之山”。 ②菌蒲:未详何草。 ③鲔(wěi):白鲟的古称。

又南水行五百里,曰流沙。行五百里[①],有山焉,曰跂踵[②]之山。广员二百里,无草木,有大蛇,其上多玉。有水焉,广员四十

里皆涌[3]，其名曰深泽，其中多蠵龟[4]。有鱼焉，其状如鲤而六足鸟尾，名曰鮯鮯[5]之鱼，其名[6]自叫。

鮯鮯鱼

①这几句疑作“又南水行五百里，流沙五百里”，“曰”和“行”为衍字。②跂踵（qǐ zhǒng）：又为鸟名，参见《中山经》；又为国名，参见《海外北经》。③“有水焉”两句：谓水在地底，方圆四十里内从地下喷涌而出。④蠵（xī）龟：一种壳上有彩纹的大龟。⑤鮯鮯：音 gé gé。⑥名：当作“鸣”。

又南水行九百里，曰踇[1]隅之山。其上多草木，多金、玉，多赭。有兽焉，其状如牛而马尾，名曰精精，其鸣自叫。

①踇：音 mòu。

又南水行五百里，流沙三百里，至于无皋之山。南望幼海[1]，东望榑木[2]，无草木，多风。是山也，广员百里。

①幼海：即《淮南子》中所说的少海。指今之渤海。②榑（fú）木：即扶桑，东方神木之名。此指海外之扶桑国。

凡《东次三经》之首，自尸胡之山至于无皋之山，凡九山，六千九百里[1]。其神状皆人身而羊角。其祠：用一牡羊，米用黍。是神也，见则风雨水为败[3]。

①据郝懿行统计，为六千四百里。②“见则”句：谓诸神出现，则风雨交加，洪水危害地方。

又[1]《东次四经》之首，曰北号之山。临于北海。有木焉，其状如杨，赤华，其实如枣而无核，其味酸甘，食之不疟[2]。食水出焉，而东北流注于海。有兽焉，其状如狼，赤首鼠目，其音如豚，名曰猲狙[③]，是食人。有鸟焉，其状如鸡而白首，鼠足而虎爪，其名曰鬿[④]雀，亦食人。

①又：此字当为衍字。 ②不疟：不会得疟疾。 ③猲(gé)狙：当作"獦狚(gé dàn)"。 ④鬿：音 qí。

又南三百里，曰旄山。无草木。苍体之水出焉，而西流注于展水。其中多鱃[①]鱼，其状如鲤而大首，食者不疣。

①鱃：音 qiū。

又南三百二十里，曰东始之山。上多苍玉。有木焉，其状如杨而赤理，其汁如血，不实，其名曰芑，可以服马[①]。泚水出焉，而东北流注于海。其中多美贝，多茈鱼，其状如鲋，一首而十身，其臭如蘼芜[②]，食之不糟[③]。

①服马：指将芑汁涂在马身上，可以驯服马性。 ②蘼(mí)芜：即蘼芜，一种香草。 ③糟(pì)：同"屁"，放屁。

薄 鱼

又东南三百里，曰女烝[①]之山。其上无草木。石膏水出焉，而西注于鬲[②]水。其中多薄鱼[③]，其状如鳣鱼而一目，其音如欧[④]，见则天下大旱。

①烝：音 zhēng。 ②鬲：音 lì。 ③其音如欧：谓其声音如人呕吐时发出的声音。欧，通"呕"。

又东南二百里，曰钦山。多金、玉而无石。师水出焉，而北流注于皋泽，其中多鱃鱼，多文贝。有兽焉，其状如豚而有牙，其名曰当康，其鸣自叫，见则天下大穰。

又东南二百里，曰子桐之山。子桐之水出焉，而西流注于馀如之泽。其中多鳋[1]鱼，其状如鱼而鸟翼，出入有光，其音如鸳鸯，见则天下大旱。

鳋　鱼

①鳋：音 huá。

又东北二百里，曰剡山。多金、玉。有兽焉，其状如彘而人面，黄身而赤尾，其名曰合窳，其音如婴儿。是兽也，食人，亦食虫蛇，见则天下大水。

又东二百里，曰太山。上多金、玉、桢木[1]。有兽焉，其状如牛而白首，一目而蛇尾，其名曰蜚[2]，行水则竭，行草则死，见则天下大疫。钩水出焉，而北流注于劳水，其中多鱃鱼。

蜚

①桢木：即女贞，一种常绿灌木或乔木，果实可入药。　②蜚：音 fěi。

凡《东次四经》之首，自北号之山至于太山，凡八山，一千七百二十里[1]。

①此节不记载山神的形状和祭祀时的礼仪，疑文字有缺漏。

右东经之山志，凡四十六山，万八千八百六十里[1]。

①据郝懿行统计，为一万八千二百六十里。

山海经第五　中山经[1]

《中山经》薄山[2]之首，曰甘枣之山[3]。共水[4]出焉，而西流注于河。其上多杻木，其下有草焉，葵本而杏[5]叶，黄华而荚实，名曰箨[6]，可以已瞢[7]。有兽焉，其状如犾鼠[8]而文题[9]，其名曰𪕰[10]，食之已瘿。

①这一经分十二部分，分记中部十二列山系诸山的名称、物产和发源于诸山的河流，并对十二列山系的山神形状和祭祀时的礼仪作了介绍。　②薄山：又叫襄山、雷首山，在今山西永济一带。　③甘枣之山：在今山西永济南。　④共(gōng)水：今名朱吕沟，在山西芮城县东北。　⑤杏：一作"楛"。　⑥箨：音 tuò。　⑦瞢(méng)：目不明。　⑧犾(dú)鼠：动物名。具体不详。　⑨文题：额上有纹理。题，额头。　⑩𪕰：音 nuó。

又东二十里，曰历儿之山[1]。其上多橿，多枥[2]木，是木也，方茎[3]而员叶，黄华而毛，其实如拣[4]，服之不忘[5]。

①历儿之山：即蒲山，在今山西永济。　②枥：音 lì。　③茎：此指树干。　④拣：当作"楝"。一种落叶乔木，果实球形或长圆形，成熟后皮色黄，里面有白色粘液。　⑤服之不忘：谓服食后能使人记忆力增强。

又东十五里，曰渠豬之山[1]。其上多竹。渠猪之水出焉，而南流注于河。其中是多豪鱼，状如鲔，赤喙[2]尾赤羽，可以[3]已白癣。

①渠豬之山：又名渠山、豬山，在今山西永济，是薄山的一个山峰。豬，同

“猪”。　②“喙”字后当脱一“赤”字。　③“可以”之上脱“食之”二字。

又东三十五里，曰葱聋之山[①]。其中多大谷，是多白垩，黑、青、黄垩[②]。

①葱聋之山：薄山的一个山峰。以下六山同为薄山的山峰。　②黑、青、黄垩：谓垩土有黑、青、黄三色混杂在一起，即杂色垩。

又东十五里，曰涹[①]山。其上多赤铜，其阴多铁。

①涹：音 wō。

又东七十里，曰脱扈之山。有草焉，其状如葵叶而赤华荚实，实如棕荚[①]，名曰植楮，可以已癙[②]，食之不眯。

①棕荚：棕木结实，作房，如鱼子状。不知棕荚何指。　②癙(shǔ)：忧郁病。

又东二十里，曰金星之山。多天婴，其状如龙骨[①]，可以已痤[②]。

①龙骨：各种动物的化石，古人以为是龙骨。　②痤(cuó)：痤疮，皮肤上生出的小疙瘩。

又东七十里，曰泰威之山。其中有谷，曰枭谷，其中多铁。

又东十五里，曰橿谷之山[①]。其中多赤铜。

①橿谷之山：一作“檀谷之山”。

又东百二十里，曰吴林之山[①]。其中多葌草[②]。

①吴林之山：在今山西平陆。 ②蕑（jiān）草：即兰草。蕑，同“蔄”。

又北三十里，曰牛首之山[①]。有草焉，名曰鬼草[②]，其叶如葵而赤茎，其秀[③]如禾，服之不忧。劳水[④]出焉，而西流注于潏水[⑤]。是多飞鱼，其状如鲋鱼，食之已痔、衕。

①牛首之山：今名乌岭山，在今山西浮山。 ②鬼草：一作“鬼目”。 ③秀：指草类植物结实。 ④劳水：又叫涝水，西流至今山西临汾，注入汾河。 ⑤潏（jué）水：又名三交水、巢由水，西流至今山西临汾附近与涝水合流后注入汾河。

又北四十里，曰霍山[①]。其木多榖。有兽焉，其状如貍而白尾有鬣，名曰朏朏[②]，养之可以已忧。

①霍山：在今山西霍县西。 ②朏朏：音 fěi fěi。

又北五十二里，曰合谷之山[①]。是多薝棘[②]。

①合谷之山：绵山的一个山峰，在今山西灵石东。 ②薝（zhān）棘：疑即颠棘，也就是天门冬。天门冬是一种多年生草本植物，块根可入药。

又北三十五里，曰阴山[①]。多砺石、文石。少水[②]出焉，其中多彫棠，其叶如榆叶而方，其实如赤菽[③]，食之已聋。

①阴山：又名险山，是绵山的一个山峰。 ②少水：即沁水。 ③赤菽：赤豆。

又东北四百里，曰鼓镫之山[①]。多赤铜。有草焉，名曰荣草，其叶如柳，其本如鸡卵[②]，食之已风[③]。

①鼓镫(dēng)之山：即鼓钟山，在今山西垣曲。　②“有草焉”四句：《本草经》中说：“茼茹，味辛寒，除大风。”陶注云：“叶如大戟。”蜀本注云：“根如萝蔔。”与此四句合。这里说的荣草可能就是茼茹。鸡卵，鸡蛋。　③风：麻风病。

凡薄山之首，自甘枣之山至于鼓镫之山，凡十五山，六千六百七十里[①]。历儿，冢也，其祠礼：毛，太牢之具；县[②]以吉玉。其馀十三山者，毛用一羊，县婴用桑封[③]，瘗而不糈。桑封者，桑主[④]也，方其下而锐其上，而中穿之加金。

①据郝懿行统计，为九百三十七里。　②县：古代称祭山。　③桑封：疑为“藻珪”之误。　④桑主：疑为“藻玉”之误。

《中次二经》济山[①]之首，曰煇诸之山[②]。其上多桑，其兽多闾、麋，其鸟多鹖[③]。

①济山：在今山西长治一带。　②煇(yùn)诸之山：济山的一个山峰，在今山西长治一带。　③鹖(hé)：野鸡的一种，羽毛青色，有毛角。

又西南二百里，曰发视之山。其上多金、玉，其下多砥砺。即鱼之水出焉，而西流注于伊水[①]。

①伊水：在今河南西部，源出熊耳山，在今河南偃师注入洛河。

鸣　蛇

又西三百里，曰豪山。其上多金、玉而无草木。

又西三百里，曰鲜山[①]。多金、玉，无草木。鲜水出焉，而北流注于伊水。其中多鸣蛇，其状如蛇而四翼，其音如磬，见则其邑大旱。

①鲜山：在今河南嵩县。

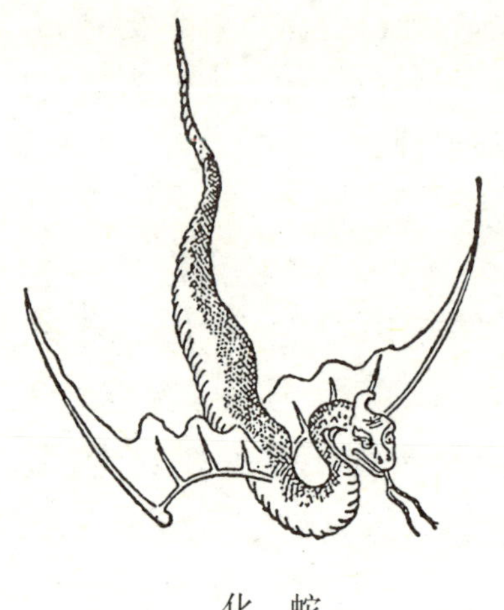
化 蛇

又西三百里[①]，曰阳山[②]。多石，无草木。阳水出焉，而北流注于伊水。其中多化蛇，其状如人面而豺身，鸟翼而蛇行，其音如叱呼，见则其邑大水。

①三百里：当作“三十里”。 ②阳山：即今河南嵩县境内的陆浑山。

又西二百里，曰昆吾之山[①]。其上多赤铜。有兽焉，其状如彘而有角，其音如号，名曰蚩蚳[②]，食之不眯。

①昆吾之山：在今河南许昌东。用此山所出产的铜铸剑，名昆吾之剑，为古代名剑。 ②蚩蚳(chí)：当作“蚩蛭”。参见《东山经·东次二经》“凫丽之山”条。

又西百二十里，曰葌山[①]。葌水出焉，而北流注于伊水。其上多金、玉，其下多青雄黄。有木焉，其状如棠而赤叶，名曰芒草，可以毒鱼。

①葌山：在今河南卢氏西南。

又西一百五十里，曰独苏之山。无草木而多水。

又西二百里，曰蔓渠之山[①]。其上多金、玉，其下多竹箭。伊水出焉，而东流注于洛[②]。有兽焉，其名曰马腹，其状如人面虎

马 腹

身，其音如婴儿，是食人。

①蔓渠之山：即峦山，是熊耳山的一个山峰，在今河南卢氏。　②洛：河流名。源出今陕西洛南西北，东北流至今河南巩县西北入黄河。

凡济山之首，自辉诸之山至于蔓渠之山，凡九山，一千六百七十里[①]。其神皆人面而鸟身。祠：用毛[②]，用一吉玉，投而不糈。

①据郝懿行统计，为一千七百七十里。　②毛：指毛物，即带毛的牲禽。

《中次三经》萯山[①]之首，曰敖岸之山[②]。其阳多㻬琈之玉，其阴多赭、黄金。神熏池居之。是常出美玉[③]。北望河林，其状如蒨如举[④]。有兽焉，其状如白鹿而四角，名曰夫诸，见则其邑大水。

①萯(bèi)山：在今河南巩县北。　②敖岸之山：在今河南巩县北。"敖"一作"献"。　③玉：一作"石"。　④如蒨(qiàn)如举：像蒨草又像榉木。举，通"榉"。

又东十里，曰青要之山[①]。实惟帝之密都[②]。北望河曲，是多驾鸟[③]。南望墠渚[④]，禹父之所化[⑤]，是多仆累、蒲卢[⑥]。䰠[⑦]武罗司之，其状人面而豹文，小要[⑧]而白齿，而穿耳以鐻[⑨]，其鸣如鸣玉。是山也，宜女子。畛[⑩]水出焉，而北流注于河。其中有鸟焉，名曰鴢[⑪]，其状如凫，青身而朱目赤尾，食之宜子[⑫]。有草焉，其状如葌而方茎、黄华、赤实，其本如藁本[⑬]，名曰荀草[⑭]，服之美人色。

①青要之山：在今河南新安西北。　②密都：幽深隐密的都邑。

③驾鸟:不详何物。 ④墠(shàn)渚:伊水中的一个小洲。 ⑤"禹父"句:谓墠渚为大禹父亲鲧变化而成。《左传》中说鲧化为黄熊,入于羽渊。 ⑥仆累、蒲卢:蜗牛一类生长在潮湿环境下的爬行动物。 ⑦䰠(shēn):同"神"。 ⑧要:通"腰"。 ⑨鐻(qú):金银制作的耳环。 ⑩畛:音zhěn。 ⑪鴢(yǎo):即鱼鵁,鸬鹚的一种。 ⑫宜子:谓能使子孙繁衍。 ⑬藁本:即西芎,一种香草。 ⑭荀草:又名旋花、金沸明,似姜,花黄色。

飞 鱼

又东十里,曰騩山[①]。其上有美枣,其阴有㻬琈之玉。正回之水[②]出焉,而北流注于河。其中多飞鱼[③],其状如豚而赤文,服之不畏雷,可以御兵。

①騩(guī)山:在今河南新安西北。 ②正回之水:河流名。又称疆川水。 ③飞鱼:上文"牛首山"条所提到的劳水中的飞鱼与此为同名异物。

又东四十里,曰宜苏之山[①]。其上多金、玉,其下多蔓居之木。滽滽之水[②]出焉,而北流注于河,是多黄贝。

①宜苏之山:在今河南孟津。 ②滽滽(róng róng)之水:俗称长泉水,在孟津北分为二水,注入黄河。

又东二十里,曰和山[①]。其上无草木而多瑶碧。实惟河之九都[②]。是山也,五曲[③],九水出焉,合而北流注于河,其中[④]多苍玉。吉神[⑤]泰逢司之,其状如人而虎尾,是好居于萯山之阳,出入有光。泰逢神动天地气也[⑥]。

①和山:在今河南孟津。 ②河之九都:因有九条注入黄河的河流聚集于此,故称。都,通"潴(zhū)",水停聚处。 ③五曲:谓曲折回环有五

重。 ④中：一作“阳”。 ⑤吉神：善神。 ⑥“泰逢”句：谓泰逢有灵异能兴云雨。据《吕氏春秋》载，夏后孔甲有一次在萯山之下打猎，大风骤起，天色变得十分昏暗，即是泰逢所为。

泰 逢

凡萯山之首，自敖岸之山至于和山，凡五山，四百四十里①。其祠：泰逢、熏池、武罗，皆一牡羊副②，婴用吉玉；其二神，用一雄鸡瘗之，糈用稌。

①据郝懿行统计，为八十里。 ②副（pì）：割裂，剖分。这里谓将牲体分割开来供祭祀用。

《中次四经》釐①山之首，曰鹿蹄之山②。其上多玉，其下多金。甘水出焉，而北流注于洛，其中多泠石③。

①釐：音 lí。 ②鹿蹄之山：在今河南宜阳，因山石上有迹似鹿蹄之印而得名。 ③泠（líng）石：当作“汵石”。汵石又名云泥，是一种柔软如泥的石头。

西五十里，曰扶猪之山。其上多礝石①。有兽焉，其状如貉②而人目，其名曰麐③。虢水出焉，而北流注于洛，其中多瓀石④。

①礝（ruǎn）石：即碝（ruǎn）石，一种似玉的石头。 ②貉（hé）：即狗獾，外形像狐，但体形较胖，尾较短。 ③麐：音 yín。 ④瓀（ruán）石：一种似玉的美石。

獭

又西一百二十里，曰釐山[①]。其阳多玉，其阴多蒐[②]。有兽焉，其状如牛，苍身，其音如婴儿，是食人，其名曰犀渠[③]。滽滽之水[④]出焉，而南流注于伊水。有兽焉，名曰獭[⑤]，其状如獳犬[⑥]而有鳞，其毛如彘鬣。

①釐山：在今河南嵩县西。　②蒐(sōu)：茅蒐，即茜草。　③犀渠：犀牛一类的动物。　④滽滽之水：与《中次三经》"宜苏之山"条中的滽滽之水同名，但并非同一条河。　⑤獭：音 xié。　⑥獳(hòu)犬：怒犬。獳，狗发怒的样子。

又西二百里，曰箕尾之山。多穀[①]，多涂石[②]，其上多㻬琈之玉。

①穀：当作"榖"。　②涂石：即汵石。

又西二百五十里，曰柄山[①]。其上多玉，其下多铜。滔雕之水出焉，而北流注于洛。其中多羬羊。有木焉，其状如樗，其叶如桐而荚实，其名曰茇[②]，可以毒鱼。

①柄山：当在今河南宜阳、洛宁一带。　②茇(bá)：一作"艾"。疑当作"芫"，因字形相近而误。

又西二百里，曰白边之山[①]。其上多金、玉，其下多青雄黄。

①白边之山：在今河南洛宁、卢氏一带。

又西二百里，曰熊耳之山[①]。其上多漆，其下多棕。浮濠之水出焉，而西流注于洛，其中多水玉，多人鱼。有草焉，其状如苏[2]而赤华，名曰葶苎[3]，可以毒鱼。

①熊耳之山：在今河南卢氏南。　②苏：即紫苏，味辛香，可入药。　③葶苎：音 dǐng níng。

又西三百里，曰牡山[1]。其上多文石，其下多竹箭、竹䉋，其兽多㸲牛、羬羊，鸟多赤鷩。

①牡山：又作"牝山"、"壮山"。

又西三百五十里，曰讙举之山[1]。雒水[2]出焉，而东北流注于玄扈之水[3]，其中多马肠[4]之物。此二山者，洛间也[5]。

①讙举之山：即冢岭山，在今陕西洛南西北。　②雒水：即今南洛河。　③玄扈之水：指今洛河支流石门河，在今河南洛南北境。　④马肠：一作"马腹"。　⑤"此二山者"二句：谓洛水夹在二山之间。两山，指讙举之山和玄扈之山。

凡釐山之首，自鹿蹄之山至于玄扈之山[1]，凡九山，千六百七十里。其神状皆人面兽身。其祠之：毛用一白鸡，祈[2]而不糈，以采衣之[3]。

①玄扈之山：玄扈之水发源于此，在讙举山的对面。　②祈：通"𧢄(jī)"，杀牲取血以涂祭。　③以采衣之：谓用五彩装饰它。

《中次五经》薄山之首，曰苟床之山[1]。无草木，多怪石。

①苟床之山：当作"苟林之山"。

东三百里，曰首山[①]。其阴多榖、柞，其草多茉、芫[②]；其阳多㻬琈之玉，木多槐。其阴有谷，曰机谷，多䲦[③]鸟，其状如枭而三目，有耳，其音如录[④]，食之已垫[⑤]。

䲦 鸟

①首山：在今山西永济南，即首阳山，为周初伯夷、叔齐隐居之地。 ②茉(zhú)、芫(yuán)：两种草药。茉，通"术"，即山蓟，分白术、苍术等数种。芫，即芫花，一种落叶灌木，春季开花，花蕾可入药。 ③䲦：音 dài。 ④录：通"鹿"。 ⑤垫：湿气病。

又东三百里，曰县斸[①]之山。无草木，多文石。

①斸：音 zhú。

又东三百里，曰葱聋之山[①]。无草木，多摩石[②]。

①葱聋之山：上文已有此山名，此处可能是葱聋之山的馀脉。 ②摩(bàng)石：即玤(bàng)石，一种次于玉的美石。

东北五百里，曰条谷之山。其木多槐、桐，其草多芍药、𦶟冬[①]。

①𦶟(mén)冬：当作"虋(mén)冬"，即门冬，分为麦门冬、天门冬两种。

又北十里，曰超山。其阴多苍玉，其阳有井，冬有水而夏竭。

又东五百里，曰成侯之山。其上多櫄木[①]，其草多芃[②]。

①櫄(chūn)木：即椿树，多指香椿，一种落叶乔木，嫩枝叶有香味，可食。 ②芃(péng)：当作"艽(jiāo)"。艽即秦艽，又叫大叶龙胆，一种多年生草

木植物，根可入药。

又东五百里，曰朝歌之山。谷多美垩。

又东五百里，曰槐山[①]。谷多金、锡。

①槐山：当作“稷(jì)山”。“稷”同“稷”。稷山在今山西稷山，相传后稷曾播百谷于此，故名。

又东十里，曰历山。其木多槐，其阳多玉。

又东十里，曰尸山。多苍玉，其兽多麖[①]。尸水出焉，南流注于洛水，其中多美玉。

①麖(jīng)：即水鹿，鹿的一种。

又东十里，曰良馀之山。其上多榖、柞，无石。馀水出于其阴，而北流注于河；乳水出于其阳，而东南流注于洛。

又东南十里，曰蛊尾之山。多砺石、赤铜。龙馀之水出焉，而东南流注于洛。

又东北二十里，曰升山。其木多榖、柞、棘，其草多藷藇、蕙，多寇脱[①]。黄酸之水[②]出焉，而北流注于河，其中多璇玉[③]。

①寇脱：即通脱木，也称通草，五加科小乔木，茎含大量白色髓，可入药。
②黄酸之水：又名千渠水，北流与渭河合流后注入黄河。　③璇玉：一种次于玉的美石。

又东十二里，曰阳虚之山。多金。临于玄扈之水。

凡薄山之首，自苟林之山至于阳虚之山，凡十六山，二千九百八十二里。升山，冢也，其祠礼：太牢，婴用吉玉。首山，䰠也，其祠用稌、黑牺、太牢之具、糱酿[①]，干儛[②]，置鼓[③]，婴用一璧。尸水，合天也[④]，肥牲祠之，用一黑犬于上，用一雌鸡于下，刉[⑤]一牝羊，献血[⑥]，婴用吉玉，采之[⑦]，飨[⑧]之。

①糵(niè)酿：发酵的酒酿。糵，同“蘖”，即酒曲，酿酒用的发酵剂。②干儛(wǔ)：古代一种持盾而舞的舞蹈。干，盾牌。儛，同“舞”。 ③置鼓：谓击鼓伴舞。 ④“尸水”二句：谓尸水为天神所依凭。 ⑤刉(jī)：割，切。 ⑥献血：谓用血来祭祀。 ⑦采之：谓用五彩装饰牲体。 ⑧飨(xiǎng)：祭献。

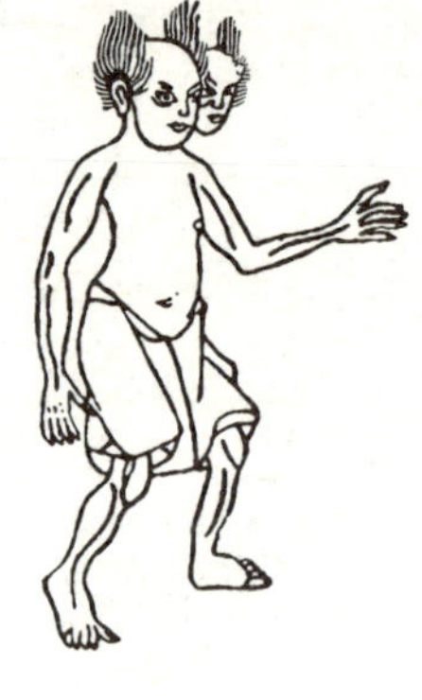
骄虫

《中次六经》缟羝[①]山之首，曰平逢之山[②]。南望伊、洛，东望穀城之山[③]。无草木，无水，多沙石。有神焉，其状如人而二首，名曰骄虫，是为螫虫[④]，实惟蜂蜜之庐[⑤]。其祠之：用一雄鸡，禳而勿杀[⑥]。

①羝：音 dī。 ②平逢之山：即北邙山，在今河南洛阳北。 ③穀城之山：在今河南洛阳西北，孟津西，与今山东平阴西南的穀城山同名。 ④是为螫虫：谓为螫虫之统领。螫虫，指尾部有毒针可刺人的虫。 ⑤蜂蜜之庐：谓为群蜂所聚集之处。 ⑥禳而勿杀：谓用活鸡祭祀后，放生不杀。禳，祈祷以去灾祸。按，“有神焉”以下文字，与全书介绍各列山系首山时的体例不合，而《中次六经》之末也未介绍这列山系的山神形状及祭祀时的仪礼，故疑此段文字当在《中次六经》之末。

西十里，曰缟羝之山。无草木，多金、玉。

又西十里，曰廆山[①]。多㻬琈之玉。其阴有谷焉，名曰雚谷[②]，其木多柳、楮。其中有鸟焉，状如山鸡而长尾，赤如丹火而青喙，名曰鸰鹦[③]，其鸣自呼，服之不眯。交觞之水[④]出于其阳，而南流注于洛；俞随之水出于其阴，而北流注于穀水[⑤]。

①廆(guī)山：在今河南洛阳西，今称谷口山。 ②雚(guàn)谷：在廆山之西。 ③鸰鹦：音 líng yāo。 ④交觞之水：一作“交触之水”。

⑤穀水：又名孝水，源出今河南渑池西，东流至洛阳注入洛河。

又西三十里，曰瞻诸之山[①]。其阳多金，其阴多文石。谢[②]水出焉，而东南流注于洛；少水出其阴，而东流注于穀水。

①瞻诸之山：在今河南新安东南。 ②谢：音 xiè。

又西三十里，曰娄涿之山。无草木，多金、玉。瞻水出于其阳，而东流注于洛；陂水出于其阴，而北流注于穀水，其中多茈石、文石。

又西四十里，曰白石之山[①]。惠水出于其阳，而南流注于洛，其中多水玉；涧水出于其阴，西北流注于穀水，其中多麋石[②]、栌丹[③]。

①白石之山：又名渑池山，在河南渑池东北。 ②麋石：疑即画眉石。“眉”和“麋”古音相通。 ③栌丹：疑即黑色丹砂。栌，通“卢”，黑色。

又西五十里，曰穀山[①]。其上多穀[②]，其下多桑。爽水出焉，而西北流注于穀水，其中多碧绿[③]。

①穀山：在今河南渑池南。 ②穀：当作“榖”。 ③碧绿：即碧玉。

又西七十二里，曰密山[①]。其阳多玉，其阴多铁。豪水出焉，而南流注于洛。其中多旋龟[②]，其状鸟首而鳖尾，其音如判木。无草木。

①密山：在今河南新安。 ②旋龟：参见《南山经》“杻阳之山”条。

又西百里，曰长石之山[①]。无草木，多金、玉。其西有谷焉，名曰共谷，多竹。共水出焉，西南流注于洛，其中多鸣石[②]。

①长石之山：在今河南新安。　②鸣石：一种撞击后传声甚远的石头。

又西一百四十里，曰傅山[①]。无草木，多瑶碧。厌染之水出于其阳，而南流注于洛，其中多人鱼。其西有林焉，名曰墦冢[②]。榖水出焉，而东流注于洛，其中多珚玉[③]。

①傅山：在今河南宜阳。　②墦（fán）冢：在河南渑池南。　③珚（yīn）玉：一作“珺（jùn）玉”。一种美玉。

又西五十里，曰橐山。其木多樗，多㯄木[①]，其阳多金、玉，其阴多铁，多萧[②]。橐水出焉，而北流注于河。其中多脩辟之鱼，状如黾[③]而白喙，其音如鸱，食之已白癣。

①㯄（bèi）木：一种落叶灌木或小乔木，开黄白色小花，根、皮、叶、花皆可入药。　②萧：一种蒿类植物。　③黾（měng）：一种蛙类动物。

又西九十里，曰常烝之山[①]。无草木，多垩。潐[②]水出焉，而东北流注于河，其中多苍玉。菑[③]水出焉，而北流注于河。

①常烝之山：在今河南陕县。　②潐：音 qiáo。　③菑：音 zī。

又西九十里，曰夸父之山[①]。其木多棕、楠，多竹箭，其兽多㸲牛、羬羊，其鸟多鷩，其阳多玉，其阴多铁。其北有林焉，名曰桃林[②]，是广员三百里，其中多马。湖水出焉，而北流注于河，其中多珚玉。

①夸父之山：一名秦山，与华山相连，在今河南灵宝东南。　②桃林：即邓林，相传为夸父弃杖而化。参见《海外北经》“夸父与日逐走”条。

又西九十里，曰阳华之山[①]。其阳多金、玉，其阴多青雄黄，

其草多藷萮，多苦辛[②]，其状如楸[③]，其实如瓜，其味酸甘，食之已疟。杨水出焉，而西南流注于洛，其中多人鱼。门水出焉，而东北流注于河，其中多玄𬒔[④]。𫄨[⑤]姑之水出于其阴，而东流注于门水，其上多铜。门水出于河[⑥]，七百九十里入雒水。

①阳华之山：在今陕西华阴西。　②苦辛：一作"苦莘"。　③楸(qiū)：木名。即楸树，一种落叶乔木，木材细致，种子可入药。　④玄𬒔(sù)：黑砥石。　⑤𫄨：音 jiè。　⑥"门水"句：疑为郭璞注文误入经文。水无出河出江之理，"出"当作"至"。

凡缟羝山之首，自平逢之山至于阳华之山，凡十四山，七百九十里[①]。岳[②]在其中，以六月祭之，如诸岳之祠法，则天下安宁[③]。

①据郝懿行统计，为八百零二里。　②岳：一说指中岳嵩山，一说指西岳华山。　③"岳在其中"以下数句，与前文不相连续，也与全书体例不合，疑为别处之文误植于此。而上文"平逢之山"条下"有神焉"以下数句可能是"七百九十里"之下的文字。

《中次七经》苦山之首，曰休与之山[①]。其上有石焉，名曰帝台[②]之棋，五色而文，其状如鹑卵。帝台之石，所以祷百神者也[③]，服之不蛊。有草焉，其状如蓍[④]，赤叶而本丛生，名曰夙条，可以为簳[⑤]。

①休与之山：在今河南灵宝。　②帝台：神名，是治理一方的小天帝。　③"帝台之石"二句：谓祷祀百神，就用此帝台之石。　④蓍(shī)：多年生草本植物，菊科，全草可入药。古时常用它的茎占卜。　⑤簳(gān)：同"竿"。这里指箭杆。

东三百里，曰鼓钟之山[①]，帝台之所以觞百神也。有草焉，方茎而黄华，员叶而三成[②]，可以为毒[③]。其上多砺，其下多砥。

①鼓钟之山：在今河南嵩县东北。　②成：重。　③为毒：治毒。

又东二百里，曰姑媱之山[①]。帝女死焉，其名曰女尸，化为䔄草[②]，其叶胥成[③]，其华黄，其实如菟丘[④]，服之媚于人[⑤]。

①姑媱（yáo）之山：一作“姑瑶之山”。　②䔄（yáo）草：即瑶草，传说中的一种仙草。　③其叶胥成：谓草叶相互重叠。胥，相互。　④菟丘：即菟丝子，一种一年生缠绕寄生草本植物，果实扁球形。　⑤媚于人：为人所爱。按，这一记载与炎帝幼女瑶姬未嫁而亡，封于巫山之台，精魂化为瑶草的传说相近，可能有传承关系。

又东二十里，曰苦山。有兽焉，名曰山膏，其状如逐[①]，赤若丹火，善詈[②]。其上有木焉，名曰黄棘，黄华而员叶，其实如兰，服之不字[③]。有草焉，员叶而无茎，赤华而不实，名曰无条[④]，服之不瘿。

①逐（tún）：通“豚”，猪。　②詈（lì）：骂。　③字：怀孕；生育。　④无条：此物与《西山经》“皋涂之山”条中所记的无条为异物而同名。

又东二十七里，曰堵山[①]。神天愚居之，是多怪风雨。其上有木焉，名曰天楄[②]，方茎而葵状，服之不哽[③]。

①堵山：在今河南方城。　②楄：音 pián。　③哽（yè）：噎，食物堵塞食管。

又东五十二里，曰放皋之山[①]。明水出焉，南流注于伊水，其中多苍玉。有木焉，其叶如槐，黄华而不实，其名曰蒙木，服之不惑。有兽焉，其状如蜂，枝尾而反舌[②]，善呼，其名曰文文。

①放皋之山：在今河南鲁山北。“放”又作“牧”、“效”。　②“枝尾”句：谓尾部分叉而舌头反向。

又东五十七里，曰大𦺪之山[①]。多㻬琈之玉，多麋玉[②]。有草焉，其状叶如榆，方茎而苍伤[③]，其名曰牛伤，其根苍文，服者不厥[④]，可以御兵。其阳狂水出焉，西南流注于伊水，其中多三足龟，食者无大疾，可以已肿。

三足龟

①大𦺪(kǔ)之山：在今河南登封，今名大熊山。𦺪，一作“苦”。　②麋玉：即瑂玉，一种似玉的美石。　③伤：刺。　④厥：中医病名，指昏厥或手足逆冷。

又东七十里，曰半石之山[①]。其上有草焉，生而秀[②]，其高丈馀，赤叶赤华，华而不实，其名曰嘉荣，服之者不霆[③]。来需之水出于其阳，而西流注于伊水。其中多鲶[④]鱼，黑文，其状如鲋，食者不睡[⑤]。合水出于其阴，而北流注于洛。多螣[⑥]鱼，状如鳜[⑦]，居逵[⑧]，苍文赤尾，食者不痈，可以为瘘[⑨]。

①半石之山：在今河南偃师东南。　②生而秀：指初生时先开花抽穗，后长叶。　③不霆：当作“不畏霆”，意谓不怕霹雳。　④鲶：音 lún。　⑤睡：一作“肿”。　⑥螣：音 téng。　⑦鳜(guì)：又名桂鱼，青黄色，全身有不规则黑斑纹，性凶猛，喜捕食鱼虾。　⑧逵：水中穴道交通之处。　⑨瘘(lòu)：一种颈部肿大的病。

又东五十里，曰少室之山[①]。百草木成囷[②]。其上有木焉，其名曰帝休，叶状如杨，其枝五衢[②]，黄华黑实[④]，服者不怒。其上多玉，其下多铁。休水出焉，而北流注于洛。其中多𩷑鱼，状如盩蜼[⑤]而长距[⑥]，足白而对[⑦]，食者无蛊疾，可以御兵。

①少室之山：在今河南登封西。 ②“百草木”句：谓草木屯聚如仓囷(qūn)之形。囷，圆形谷仓。 ③其枝五衢：谓树枝交错，向五个方向伸展，有如衢路。 ④实：一作“叶”。 ⑤蛰蜼(zhōu wěi)：当作“盩(zhōu)蜼”，一种长尾猿。 ⑥距：指脚。 ⑦足白而对：谓足白色，而足趾相向。

又东三十里，曰泰室之山[①]。其上有木焉，叶状如梨而赤理，其名曰栯[②]木，服者不妒。有草焉，其状如苿，白华黑实，泽如蘡薁[③]，其名曰䔄草，服之不昧[④]。上多美石。

①泰室之山：即中岳嵩山，在今河南登封北。 ②栯：音 yǒu。 ③蘡薁(yīng yù)：即山葡萄，果实黑色，可酿酒并入药。 ④昧：当作“眯”，梦魇。

又北三十里，曰讲山[①]。其上多玉，多柘，多柏。有木焉，名曰帝屋，叶状如椒，反伤[②]赤实，可以御凶。

①讲山：在今河南登封北。 ②反伤：反刺，刺下勾。

又北三十里，曰婴梁之山[①]。上多苍玉，錞于玄石[②]。

①婴梁之山：当在今河南登封、巩义一带。 ②錞于玄石：谓苍玉依黑石而生。

又东三十里，曰浮戏之山[①]。有木焉，叶状如樗而赤实，名曰亢木[②]，食之[③]不蛊。汜水[④]出焉，而北流注于河。其东有谷，因名曰蛇谷，上多少辛[⑤]。

①浮戏之山：又叫方山，在今河南荥阳西南。 ②亢木：即卫矛，又名鬼箭羽，一种落叶灌木，枝可入药。 ③之：一作“者”。 ④汜水：源出

浮戏之山，北流经今河南荥阳汜水镇西注入黄河。　⑤少辛：即细辛，一种多年生草本植物，全草可入药。

又东四十里，曰少陉之山①。有草焉，名曰岗②草，叶状如葵而赤茎白华，实如蘡薁，食之不愚。器难之水出焉，而北流注于役水③。

①少陉之山：即嵩渚山，又叫大周山，在今河南荥阳南，新密北。②岗：音 gāng。　③役水：又作"侵水"、"没水"。

又东南十里，曰太山①。有草焉，名曰梨，其叶状如荻②而赤华，可以已疽③。太水出于其阳，而东南流注于役水④；承水出于其阴，而东北流注于役⑤。

①太山：当在今河南新密一带，不是今之山东泰山。　②荻（dí）：当作"萩（qiū）"。萩，蒿类植物。　③疽：痈疽。　④役水：一作"没水"。⑤役：下疑当增一"水"字。一作"没"。

又东二十里，曰末山①。上多赤金。末水②出焉，北流注于役③。

①末山：一作"沬山"。当在今河南新密一带。　②末水：一作"沬水"。③役：下疑当增一"水"字。一作"没"。

又东二十五里，曰役山①。上多白金，多铁。役水②出焉，北注于河。

①役山：一作"没山"。当在今河南新郑一带。　②役水：一作"没水"。

又东三十五里，曰敏山①。上有木焉，其状如荆，白华而赤实，名曰葪柏②，服者不寒。其阳多瑂琈之玉。

①敏山：今名梅山，在今郑州南。 ②葪(jì)柏：即计柏，柏树的一种。

又东三十里，曰大騩之山①。其阴多铁、美玉、青垩。有草焉，其状如蓍而毛，青华而白实，其名曰蒗②，服之不夭③，可以为腹病。

①大騩之山：又叫具茨山，在今河南新密东南。 ②蒗(láng)：当作"藐(hěn)"。 ③不夭：不夭折，即可以长寿。

凡苦山之首，自休与之山至于大騩之山，凡十有九山，千一百八十四里①。其十六神者，皆豕身而人面；其祠：毛牷用一羊羞②，婴用一藻玉瘗。苦山、少室、太室③，皆冢也，其祠之：太牢之具，婴以吉玉。其神状皆人面而三首，其馀属皆豕身人面也。

①据郝懿行统计，为一千零五十六里。 ②羞：进献。 ③太室：即泰室山。

《中次八经》荆山之首，曰景山①。其上多金、玉，其木多杼②、檀。雎水③出焉，东南流注于江，其中多丹粟，多文鱼④。

①景山：又叫马塞山、雁浮山，在今湖北保康西南。 ②杼(shù)：即柞树。 ③雎(jū)水：今名沮水，源出景山，东南流到今湖北当阳西南与漳水合为沮漳河，南流到江陵西入长江。 ④文鱼：有彩色斑纹的鱼。

东北百里，曰荆山①。其阴多铁，其阳多赤金，其中多犛牛②，多豹、虎，其木多松、柏，其草多竹，多橘、櫾③。漳水出焉，而东南流注于雎，其中多黄金，多鲛鱼④。其兽多闾麋⑤。

①荆山：在今湖北保康东南，南漳西南。相传春秋时楚国卞和得璧于此山。　②犛（máo）牛：即牦牛。　③櫾（yòu）：即柚。　④鲛（jiāo）鱼：即鲨鱼。但鲨鱼为海洋性鱼类，不知漳水中何来此鱼。　⑤麋：一作“麈”。麈，即驼鹿。

又东北百五十里，曰骄山。其上多玉，其下多青、雘，其木多松、柏，多桃枝、钩端。神鼍[①]围处之，其状如人面[②]，羊角虎爪，恒游于雎漳之渊，出入有光。

①鼍：音 tuó。　②面：疑为“而”字之误。

鼍　围

又东北百二十里，曰女几之山。其上多玉，其下多黄金，其兽多豹、虎，多闾、麋、麖、麂，其鸟多白鷮[①]，多翟，多鸩[②]。

①鷮（jiāo）：一种长尾雉。　②鸩（zhèn）：传说中的一种毒鸟，大如雕，紫绿色，长颈赤喙，食蝮蛇。

又东北二百里，曰宜诸之山[①]。其上多金、玉，其下多青、雘。洈水[②]出焉，而南流注于漳，其中多白玉。

①宜诸之山：当在今湖北当阳东。　②洈（wéi）水：当在湖北当阳一带，非今之湖北松滋一带的洈水。

又东北三百五十里，曰纶[①]山。其木多梓、楠，多桃枝，多柤[②]、栗、橘、櫾，其兽多闾、麈、麢、㚖[③]。

①纶：音 lún。　②柤（zhā）：同“楂”，即山楂树。　③㚖（chuò）：一

种似兔而大的动物，青色，脚似鹿。

计 蒙

又东二百里，曰陆郇[①]之山。其上多㻬琈之玉，其下多垩，其木多杻、橿。

①郇：音 guǐ。

又东百三十里，曰光山[①]。其上多碧，其下多木[②]。神计蒙处之，其状人身而龙首，恒游于漳渊，出入必有飘风[③]暴雨。

①光山：在今河南光山，县因山得名。 ②木：当作“水”。 ③飘风：旋风；暴风。

又东百五十里，曰岐山[①]。其阳多赤金，其阴多白珉[②]，其上多金、玉，其下多青、雘，其木多樗。神涉䖧[③]处之，其状人身而方面三足。

①岐山：与今陕西岐山东北的岐山为同名异山。 ②珉(mín)：一种似玉的美石。 ③涉䖧：一作“涉鼍(tuó)”。

又东百三十里，曰铜山。其上多金、银、铁，其木多榖、柞、柤、栗、橘、櫾，其兽多豹。

又东北一百里，曰美山。其兽多兕牛，多闾、麈，多豕、鹿，其上多金，其下多青、雘。

又东北百里，曰大尧之山。其木多松、柏，多梓、桑，多机[①]，其草多竹，其兽多豹、虎、麢、㚟。

①机：即机木。参见《北山经》“单狐之山”条注③。

又东北三百里，曰灵山[①]。其上多金、玉，其下多青、雘，其木多桃、李、梅、杏。

①灵山：与今河南信阳的灵山为同名异山。

又东北七十里，曰龙山。上多寓木[①]，其上多碧，其下多赤锡，其草多桃枝、钩端。

①寓木：一种寄生在树木上的植物。

又东南五十里，曰衡山。上多寓木、榖、柞，多黄垩白垩。

又东南七十里，曰石山。其上多金，其下多青、雘，多寓木。

又南百二十里，曰若山。其上多㻬琈之玉，多赭，多邽石[①]，多寓木，多柘。

①邽石：当作“封石”。参见《中次十经》“虎尾之山”条注①。

又东南一百二十里，曰彘山。多美石，多柘。

又东南一百五十里，曰玉山。其上多金、玉，其下多碧、铁，其木多柏。

又东南七十里，曰讙山。其木多檀，多邽石[①]，多白锡。郁水出于其上，潜于其下，其中多砥砺。

①邽石：当作“封石”。

又东北百五十里，曰仁举之山。其木多榖、柞，其阳多赤金，其阴多赭。

又东五十里，曰师每之山。其阳多砥砺，其阴多青、雘，其木多柏，多檀，多柘，其草多竹。

又东南二百里，曰琴鼓之山。其木多榖、柞、椒[①]、柘，其上多白珉，其下多洗石，其兽多豕、鹿，多白犀，其鸟多鸩。

①椒：即花椒，一种落叶灌木或小乔木，果实可作调味香料，也可入药。

凡荆山之首，自景山至琴鼓之山，凡二十三山，二千八百九十里[①]。其神状皆鸟身而人面。其祠：用一雄鸡祈瘗，用[②]一藻圭，糈用稌。骄山，冢也，其祠：用羞酒、少牢祈瘗，婴毛[③]一璧。

①据郝懿行统计，为三千零十里。 ②“用”字前疑脱一“婴”字。 ③毛：当作“用”。

《中次九经》岷山之首，曰女几之山[①]。其上多石涅，其木多杻、橿，其草多菊、茱。洛水[②]出焉，东注于江，其中多雄黄。其兽多虎、豹。

①女几之山：又叫女纪山、女伎山，即今之章山，在今四川汶川东，与今河南洛宁东南的女几山为同名异山。 ②洛水：沱江的上源之一，在今四川资阳汇入沱江，在今四川泸州注入长江。

又东北三百里，曰岷山[①]。江水出焉[②]，东北流注于海，其中多良龟，多鼍[③]。其上多金、玉，其下多白珉，其木多梅、棠，其兽多犀、象，多夔牛[④]，其鸟多翰、鷩。

①岷(mín)山：在今四川西北部，绵延四川、甘肃两省边境。它是长江、黄河的分水岭，长江的支流岷江和嘉陵江都发源于此。 ②江水出焉：古人以为长江发源于岷山，以岷江作为长江的上游，因此《禹贡》中说“岷山导江”。其实长江发源于今青海西南唐古拉山脉的各拉丹东雪山，上游为通天河；岷江不过是长江的一条支流。 ③鼍(tuó)：即今之扬子鳄，俗称猪婆龙。 ④夔(kuí)牛：又称犪(kuí)牛、犩(wéi)牛，一种重可达数千斤的大野牛，古

代产于四川。

又东北一百四十里，曰崃山①。江水②出焉，东流注③大江。其阳多黄金，其阴多麋、麈，其木多檀、柘，其草多苿、韭，多药④、空夺⑤。

①崃（lái）山：即邛崃山，在今四川西部，岷江和大渡河之间。　②江水：指邛水。邛水发源于邛崃山，而注入岷江。　③"注"下当脱一"于"字。　④药：指白芷。　⑤空夺：即寇脱。参见《中次五经》"升山"条注①。

又东一百五十里，曰崌山①。江水出焉②，东流注于大江，其中多怪蛇，多鳌鱼③。其木多楢④、杻，多梅、梓，其兽多夔牛、麢、㚟、犀、兕。有鸟焉，状如鸮而赤身白首，其名曰窃脂，可以御火。

①崌（jū）山：又称曼山、蒙山，在今四川名山西。　②江水：指沫水。沫水发源于此，与青衣江合流后注入岷江。　③鳌（zhì）鱼：不详何鱼。　④楢（yóu）：一种可以作车轮内圈的软木。

又东三百里，曰高梁之山①。其上多垩，其下多砥砺，其木多桃枝、钩端。有草焉，状如葵而赤华、荚实、白柎，可以走马②。

①高梁之山：即今之剑门山，也称梁山，在今四川剑阁一带，主峰为大剑山。　②可以走马：见《西山经》"天帝之山"条注④。

又东四百里，曰蛇山。其上多黄金，其下多垩，其木多栒，多豫、章，其草多嘉荣、少辛。有兽焉，其状如狐而白尾长耳，名㹱①狼，见则国内有兵。

①㹱：音 shì。

又东五百里，曰鬲山。其阳多金，其阴多白珉。蒲鹮[①]之水出焉，而东流注于江，其中多白玉。其兽多犀、象、熊、罴，多猨[②]、蜼[③]。

①鹮：音 hōng。 ②猨：同“猿”。 ③蜼：一种长尾猿。

又东北三百里，曰隅阳之山。其上多金、玉，其下多青、雘，其木多梓、桑，其草多茈。徐之水出焉，东流注于江，其中多丹粟。

又东二百五十里，曰岐山[①]。其上多白金，其下多铁，其木多梅、梓，多杻、楢。減水出焉，东南流注于江。

①岐山：当在今四川境内，与今陕西岐山的岐山为同名异山。

又东三百里，曰勾祢[①]之山。其上多玉，其下多黄金，其木多栎、柘，其草多芍药。

①祢：音 mí。

又东一百五十里，曰风雨之山。其上多白金，其下多石涅，其木多棷、椫[①]，多杨。宣余之水出焉，东流注于江，其中多蛇。其兽多闾、麋，多麈、豹、虎[②]，其鸟多白鸫。

①棷（zōu）、椫（shàn）：两种树。棷，不详何树。椫，又名白理木，有白色纹理，质地坚硬，古代用以制梳、勺等器具。 ②“其兽”二句：当作“其兽多闾、麋、麈，多豹、虎”。

又东北二百里，曰玉山。其阳多铜，其阴多赤金，其木多豫、章、楢、杻，其兽多豕、鹿、麢、㚟，其鸟多鸩。

又东一百五十里，曰熊山。有穴焉，熊之穴，恒出入神人，夏

启而冬闭。是穴也，冬启乃必有兵。其上多白玉，其下多白金，其木多樗、柳，其草多寇脱。

又东一百四十里，曰騩山。其阳多美玉、赤金，其阴多铁，其木多桃枝、荆、芭[①]。

①芭：当作“芑”。“芑”通“杞”。

又东二百里，曰葛山。其上多赤金，其下多瑊石[①]，其木多柤、栗、橘、櫾、楢、杻，其兽多麢、㚟，其草多嘉荣。

①瑊（jiān）石：一种似玉的坚石。

又东一百七十里，曰贾超之山。其阳多黄垩，其阴多美赭，其木多柤、栗、橘、櫾，其中多龙脩[①]。

①龙脩：即龙须草，一种多年生草本植物，茎叶可制蓑衣、草鞋，也可织席、造纸。

凡岷山之首，自女几山至于贾超之山，凡十六山，三千五百里。其神状皆马身而龙首。其祠：毛用一雄鸡瘗，糈用稌。文山[①]、勾㭫、风雨、騩之山，是皆冢也，其祠之：羞酒，少牢具，婴毛[②]一吉玉。熊山，席[③]也，其祠：羞酒，太牢具，婴毛一璧。干儛，用兵以禳[④]；祈，璆冕舞[⑤]。

①文山：即岷山。　②毛：当作“用”。下文“婴毛一璧”的“毛”同此。　③席：当作“帝”。　④“干儛”二句：谓禳则用干儛。干儛，古代一种持盾而舞的舞蹈。　⑤祈，璆（liú）冕舞：谓祈祷则戴上镶有美玉的冕舞蹈。璆，一种美玉。

《中次十经》之首，曰首阳之山[①]。其上多金、玉，无草木。

①首阳之山：此山与今山西永济的首阳山为同名异山。

又西五十里，曰虎尾之山。其木多椒、椐，多封石[1]，其阳多赤金，其阴多铁。

①封石：味甘，无毒，可以作药物的一种石。

又西南五十里，曰繁缋[1]之山。其木多楢、杻，其草多枝、勾[2]。

①缋：音 huì。 ②枝、勾：即桃枝、钩端。

跂 踵

又西南二十里，曰勇石之山。无草木，多白金，多水。

又西二十里，曰复州之山。其木多檀，其阳多黄金。有鸟焉，其状如鸮[1]而一足彘尾，其名曰跂踵，见则其国大疫。

①鸮：一作“鸡”。

又西三十里，曰楮山[1]。多寓木，多椒、椐，多柘，多垩。

①楮山：一作“渚州之山”。

又西二十里，曰又原之山。其阳多青、雘，其阴多铁，其鸟多鸜鹆[1]。

①鸜鹆(qú yù)：即鸲鹆，八哥。

又西五十里，曰涿山。其木多榖、柞、杻，其阳多㻬琈之玉。

又西七十里，曰丙山。其木多梓、檀，多弞杻[①]。

①弞(shěn)杻：长得特别高的杻树。弞，长，高。

凡首阳山之首，自首山[①]至于丙山，凡九山，二百六十七里[②]。其神状皆龙身而人面。其祠之：毛用一雄鸡瘗，糈用五种之糈。堵山，冢也，其祠之：少牢具，羞酒祠，婴毛[③]一璧瘗。騩山，帝也，其祠：羞酒，太牢其[④]，合巫祝[⑤]二人儛，婴一璧。

①首山：指首阳山。　②据郝懿行统计，为三百一十里。　③毛：当作"用"。　④其：当作"具"。　⑤巫祝：巫和祝。巫指能以舞降神的人。祝指祠庙中主持祭礼的人。

《中次一十一山经》[①]荆山之首，曰翼望之山[②]。湍水[③]出焉，东流注于济[④]。贶[⑤]水出焉，东南流注于汉，其中多蛟[⑥]。其上多松、柏，其下多漆、梓，其阳多赤金，其阴多珉。

①《中次一十一山经》：依《山海经》的体例，当作《中次十一经》，"一"字、"山"字为衍字。　②翼望之山：当在今河南内乡、西峡、栾川三县交界处一带。　③湍(zhuān)水：即湍河，在今河南新野北注入淯水(今名白河)。　④济：当为"淯"之误。　⑤贶：音 kuàng。　⑥蛟：古代传说中一种无角的龙，其实是鳄一类的动物。

又东北一百五十里，曰朝歌之山[①]。潕水[②]出焉，东南流注于荥[③]，其中多人鱼。其上多梓、楠，其兽多麢、麋。有草焉，名曰莽草[④]，可以毒鱼。

①朝歌之山：在今河南社旗、方城一带，与在今河南淇县的朝歌山为同名异山。　②潕(wǔ)水：又名舞水。出朝歌山后，北流复东流，在今西平西

注入汝水。 ③荥：即汝水。 ④莽草：即芒草。参见《中次二经》“葌山”条。

又东南二百里，曰帝囷之山。其阳多㻬琈之玉，其阴多铁。帝囷之水出于其上，潜于其下，多鸣蛇[①]。

①鸣蛇：见《中次二经》“鲜山”条。

又东南五十里，曰视山。其上多韭。有井焉，名曰天井，夏有水，冬竭。其上多桑，多美垩、金、玉。

又东南二百里，曰前山。其木多槠[①]，多柏，其阳多金，其阴多赭。

①槠(zhū)：一种常绿乔木，木质坚硬，可制器具。

又东南三百里，曰丰山[①]。有兽焉，其状如蝯[②]，赤目，赤喙，黄身，名曰雍和，见则国有大恐。神耕父处之，常游清泠之渊[③]，出入有光，见则其国为败。有九钟焉，是知霜鸣[④]。其上多金，其下多榖、柞、杻、橿。

①丰山：在今河南南阳东北。 ②蝯：同“猿”。 ③清泠之渊：在今河南南阳西鄂山下。 ④“有九钟焉”两句：霜降则钟鸣，故言“知霜鸣”。

又东北八百里，曰兔床之山。其阳多铁，其木多藷萸[①]，其草多鸡榖[②]，其本如鸡卵，其味酸甘，食者利于人。

①藷萸：同“薯蓣”，即山药。但山药是草本植物，而非木本植物，故疑“藷萸”当作“槠芧”。芧，小栗树。 ②鸡榖：也称鸡狗、鸡鼓，即蒲公英。

又东六十里，曰皮山。多垩，多赭，其木多松、柏。

又东六十里，曰瑶碧之山。其木多梓、楠，其阴多青、雘，其阳多白金。有鸟焉，其状如雉，恒食蜚[①]，名曰鸩[②]。

①蜚(fěi)：又叫负盘，一种生活在草丛中以稻花为食的小飞虫，有恶臭味。　②鸩：与《中次八经》“女几山”条中所载食蛇的鸩为同名异鸟。

又东四十里，曰支离之山[①]。济水[②]出焉，南流注于汉。有鸟焉，其名曰婴勺，其状如鹊，赤目，赤喙，白身，其尾若勺[③]，其鸣自呼。多㸲牛，多羬羊。

①支离之山：一作“攻离之山”。疑即今双鸡岭，在今河南嵩县。②济水：当作“淯水”。　③勺：指酒勺。

又东北五十里，曰祑篙[①]之山。其上多松、柏、机柏[②]。

①祑篙：音 zhì diāo。　②机柏：当作“机桓”。机桓即无患子，一种落叶乔木，木材可制器具，种子可入药，又可榨油制肥皂，果皮可代肥皂，也可制农药。

又西北一百里，曰堇[①]理之山。其上多松、柏，多美梓，其阴多丹雘，多金，其兽多豹、虎。有鸟焉，其状如鹊，青身白喙，白目白尾，名曰青耕，可以御疫，其鸣自叫。

①堇：音 jǐn。

又东南三十里，曰依轱[①]之山。其上多杻、橿，多苴[②]。有兽焉，其状如犬，虎爪有甲，其名曰獜[③]，善驶坌[④]，食者不风[⑤]。

①轱：音 gū。　②苴：疑通“柤”。　③獜：音 lìn。　④驶坌(yǎng fèn)：跳跃。　⑤不风：不畏风。

又东南三十五里，曰即谷之山。多美玉，多玄豹[①]，多闾、麈，多麢、㚟，其阳多珉，其阴多青、雘。

①玄豹：黑豹。

又东南四十里，曰鸡山。其上多美梓，多桑，其草多韭。

又东南五十里，曰高前之山[①]。其上有水焉，甚寒而清，帝台之浆[②]也，饮之者不心痛。其上有金，其下有赭。

①高前之山：今名天池山，在今河南内乡。 ②浆：一作“浆水”。

又东南三十里，曰游戏之山。多杻、橿、榖，多玉，多封石。

又东南三十五里，曰从山。其上多松、柏，其下多竹。从水出于其上，潜于其下，其中多三足鳖，枝尾[①]，食之无蛊疫。

①枝尾：尾部分叉。

又东南三十里，曰婴硜[①]之山。其上多松、柏，其下多梓、櫄[②]。

①硜：音 zhēn。 ②櫄：即椿树。参见《中次五经》“成侯之山”条注①。

又东南三十里，曰毕山[①]。帝苑之水出焉，东北流注于视[②]，其中多水玉，多蛟。其上多㻬琈之玉。

①毕山：疑作“旱山”，因字形近而误。旱山在今河南泌阳。 ②视：当作“溉(qìn)”。溉水即今河南泌阳、遂平一带的沙河。

又东南二十里，曰乐马之山。有兽焉，其状如彙[①]，赤如丹火，其名曰𤟤[②]，见则其国大疫。

①彙(wèi):通"猬",即刺猬。　②猍:音 lì。

又东南二十五里,曰葴山[①]。视水[②]出焉,东南流注于汝水,其中多人鱼,多蛟,多颉[③]。

①葴(zhēn)山:即中阳山,在今河南泌阳。　②视水:当作"瀙水"。　③颉(xié):兽名。形状似青狗。

又东四十里,曰婴山。其下多青、雘,其上多金、玉。

又东三十里,曰虎首之山。多苴、椆[①]、椐。

①椆(chóu):一种常绿树,木质坚重,耐久不蛀。

又东二十里,曰婴侯之山。其上多封石,其下多赤锡。

又东五十里,曰大孰之山。杀水出焉,东北流注于视水[①],其中多白垩。

①视水:当作"瀙水"。

又东四十里,曰卑山。其上多桃、李、苴、梓,多累[①]。

①累:通"藟",藤。

又东三十里,曰倚帝之山[①]。其上多玉,其下多金。有兽焉,其状如鼣鼠[②],白耳白喙,名曰狙如,见则其国有大兵。

①倚帝之山:在今河南镇平西北。　②鼣(fèi)鼠:一种鼠类动物。

又东三十里,曰鲵山。鲵水出于其上,潜于其下,其中多美垩。其上多金,其下多青、雘。

又东三十里，曰雅山[①]。澧水[②]出焉，东流注于视水[③]，其中多大鱼。其上多美桑，其下多苴，多赤金。

①雅山：当在今河南桐柏西北。　②澧水：俗名三家河，西北流注于唐河。　③视水：当作“瀙水”。

又东五十五里，曰宣山[①]。沦水出焉，东南流注于视水[②]，其中多蛟。其上有桑焉，大五十尺[③]，其枝四衢[④]，其叶大尺馀，赤理，黄华，青柎，名曰帝女之桑[⑤]。

①宣山：在今河南泌阳。　②视水：当作“瀙水”。　③大五十尺：指树围有五丈。　④其枝四衢：谓其枝条交叉着向四面八方伸出。　⑤帝女之桑：据《太平御览》卷九二一引《广异记》道：南方赤帝（即炎帝）的女儿得道成仙后，居住在南阳崿山（即宣山）的桑树上，赤帝点火焚烧桑树，其女即升天而去，因称此桑为帝女桑。

又东四十五里，曰衡山[①]。其上多青、雘，多桑，其鸟多鸜鹆。

①衡山：在今河南南阳北，与今湖南衡阳的南岳衡山为同名异山。

又东四十里，曰丰山[①]。其上多封石，其木多桑，多羊桃，状如桃而方茎，可以为皮张[②]。

①丰山：在今河南南阳东北。　②为皮张：治疗皮肤肿胀。

又东七十里，曰妪山。其上多美玉，其下多金，其草多鸡穀。

又东三十里，曰鲜山。其木多楢、杻、苴，其草多亹冬，其阳多金，其阴多铁。有兽焉，其状如膜大[①]，赤喙，赤目，白尾，见则其邑有火，名曰狢[②]即。

①膜大：当作“膜犬”，即西方沙漠之犬，高大多毛，猛悍有力。　②豸：音 yí。

又东三十里，曰章山[1]。其阳多金，其阴多美石。皋水出焉，东流注于澧水，其中多脃石[2]。

①章山：当作“皋山”。　②脃（cuì）石：即脆石，一种软而易碎的石头。

又东二十五里，曰大支之山。其阳多金，其木多榖、柞，无草木[1]。

①“木”：此字疑为衍字。

又东五十里，曰区吴之山。其木多苴。

又东五十里，曰声匈之山。其木多榖，多玉，上多封石。

又东五十里，曰大騩之山[1]。其阳多赤金，其阴多砥石。

①大騩之山：此山与《中次七经》中的大騩之山为同名异山。

又东十里，曰踵臼之山[1]。无草木。

①踵臼之山：一作“踵臼之山”。

又东北七十里，曰历石之山[1]。其木多荆、芑，其阳多黄金，其阴多砥石。有兽焉，其状如貍而白首虎爪，名曰梁渠，见则其国有大兵。

①历石之山：一作“磨石之山”。

又东南一百里，曰求山。求水出于其上，潜于其下，中有美豬。其木多苴，多篃①，其阳多金，其阴多铁。

①篃(mèi)：一种竹子，竹节间距三尺，可作箭杆。

又东二百里，曰丑阳之山。其上多椆、椐。有鸟焉，其状如乌而赤足，名曰䳢鵌①，可以御火。

①䳢鵌：音 zhǐ tú。

又东三百里，曰奥山。其上多柏、橿、杻，其阳多㻬琈之玉。奥水出焉，东流注于视水①。

①视水：当作"瀙水"。

又东三十五里，曰服山。其木多苴，其上多封石，其下多赤锡。

又东百十里①，曰杳山。其上多嘉荣草，多金、玉。

①百十里：一作"三百里"。

又东三百五十里，曰凡山①。其木多楢、檀、杻，其草多香。有兽焉，其状如彘，黄身，白头，白尾，名曰闻獜②，见则天下大风。

①凡山：一作"几山"。　②闻獜(lín)：一作"闻粼"。

凡荆山之首，自翼望之山至于凡山①，凡四十八山，三千七百三十二里②。其神状皆彘身人首。其祠：毛用一雄鸡祈③，瘗用一珪，糈用五种之精④。禾山⑤，帝也，其祠：太牢之具，羞瘗，倒毛⑥，用一璧，牛无常⑦。堵山、玉山⑧，冢也，皆倒祠⑨，羞毛⑩少牢，婴毛⑪吉玉。

①凡山：一作“几山”。　②据郝懿行统计，为四千二百二十里。　③祈：通“蠡”。　④糈用五种之精：谓用五种精米祭祀神。　⑤禾山：上文无禾山，可能是“帝囷山”之脱文，也可能是“求山”之误文。　⑥“羞瘗”二句：谓将祭献后的牺牲倒埋。　⑦牛无常：谓有时用牛，有时不用牛。　⑧堵山、玉山：堵山见《中次十经》，玉山见《中次八经》和《中次九经》，《中次一十一山经》中并无此二山，不知为何山之误。　⑨倒祠：即倒毛。　⑩毛：当作“用”。　⑪毛：当作“用”。

《中次十二经》洞庭山之首，曰篇遇之山[①]。无草木，多黄金。

①篇遇之山：一作“肩遇之山”。

又东南五十里，曰云山。无草木，有桂竹，甚毒，伤人必死[①]。其上多黄金，其下多瑻琈之玉。

①郭璞注云：“今始兴郡桂阳县出筀(guì)竹，大者围二尺，长四丈。又交趾有簝(lì)竹，实中劲强，有毒，锐以刺虎，中之则死，亦此类也。”

又东南一百三十里，曰龟山。其木多榖、柞、椆、椐，其上多黄金，其下多青雄黄，多扶竹[①]。

①扶竹：又叫扶老竹、邛竹，出自四川，可以作杖。

又东七十里，曰丙山。多筀竹[①]，多黄金、铜、铁，无木。

①筀竹：即上文所说的桂竹。

又东南五十里，曰风伯之山[①]。其上多金、玉，其下多痠石[②]、文石，多铁，其木多柳、杻、檀、楮。其东有林焉，名曰莽浮之林，多美木鸟兽。

①凤伯之山:一作“凤伯之山”。 ②痠(suān)石:不详何石。

又东一百五十里,曰夫夫之山[①]。其上多黄金,其下多青雄黄,其木多桑、楮,其草多竹、鸡鼓[②]。神于兒[③]居之,其状人身而身操两蛇[④],常游于江渊,出入有光。

①夫夫之山:一作“大夫之山”。 ②鸡鼓:即上文所说的鸡穀草。 ③兒:音 ní。 ④“其状”句:《列子·汤问》中说愚公移山事,谓“操蛇之神闻之,告之以帝”,“操蛇之神”即此类神。“身操两蛇”疑作“手操两蛇”。

又东南一百二十里,曰洞庭之山[①]。其上多黄金,其下多银、铁,其木多柤、梨、橘、櫾,其草多葌、蘪芜、芍药、芎䓖。帝之二女[②]居之,是常游于江渊。澧沅[③]之风,交潇湘[④]之渊,是在九江[⑤]之间,出入必以飘风暴雨。是多怪神,状如人而载蛇[⑥],左右手操蛇。多怪鸟。

①洞庭之山:指君山,在今湖南岳阳西的洞庭湖中。与今江苏吴县西太湖中的洞庭山为同名异山。 ②帝之二女:指传说中尧之二女娥皇、女英。两人都是舜的妃子。舜南巡,死于苍梧(今广东、广西与湖南交界一带),二妃奔丧,自投于湘江,成为湘水之神,即屈原在《九歌》中所称的“湘君”、“湘夫人”。 ③澧沅:注入洞庭湖的两条河流。澧水在今湖南西北部,源出桑植北。沅水在湖南西部,源出贵州云雾山。 ④潇湘:今湖南境内的两条河流。潇水在今湖南南部,源出蓝山南九嶷山,北流到永州的苹州入湘江。湘江为湖南境内最大河流,源出今广西东北的海洋山西麓,东北流贯湖南东部,在湘阴的芦林潭入洞庭湖。 ⑤九江:此指注入洞庭湖的沅、湘等数条河流。九表示多数,不一定是实指。 ⑥载蛇:戴蛇,头上顶着蛇。“载”与“戴”相通。

又东南一百八十里,曰暴山。其木多棕、楠、荆、芑、竹、箭、䉋、箘[①],其上多黄金、玉,其下多文石、铁,其兽多麋、鹿、

麂[2]、就[3]。

①箘（jùn）：一种细长节稀的竹子，皮黑色而涩，可作箭杆。　②麂（jǐ）：即麂，一种小型鹿类动物。　③就：通“鹫”，雕一类的猛禽。“就”字之上，清人王念孙校增“其鸟多”三字。

又东南二百里，曰即公之山。其上多黄金，其下多㻬琈之玉，其木多柳、杻、檀、桑。有兽焉，其状如龟而白身赤首，名曰蛫[1]，是可以御火。

①蛫：音 guǐ。

又东南一百五十九里，曰尧山[1]。其阴多黄垩，其阳多黄金，其木多荆、芑、柳、檀，其草多藷萮、茱。

①尧山：即九嶷山，为南岭的一部分，在今湖南蓝山南。

又东南一百里，曰江浮之山。其上多银、砥砺，无草木，其兽多豕、鹿。

又东[1]二百里，曰真陵之山[2]。其上多黄金，其下多玉，其木多榖[3]、柞、柳、杻，其草多荣草。

①东：一作“东南”。　②真陵之山：一作“直陵之山”。　③榖：当作“榖”。

又东南一百二十里，曰阳帝之山。多美铜，其木多橿、杻、檿[1]、楮，其兽多麢、麝。

①檿（yǎn）：即山桑，木质坚硬，可制弓和车辕，叶可饲蚕。

又南九十里，曰柴桑之山[①]。其上多银，其下多碧，多泠石[②]、赭，其木多柳、芑、楮、桑，其兽多麋、鹿，多白蛇、飞蛇[③]。

①柴桑之山：在今江西九江西南，与庐山相连。古时柴桑县因境内有此山而得名。 ②泠石：当作"汵石"。参见《中次四经》"釐山"条注③。③飞蛇：即螣(téng)蛇，传说中一种乘雾而飞的蛇。

又东[①]二百三十里，曰荣余之山。其上多铜，其下多银，其木多柳、芑，其虫多怪蛇怪虫。

①东：一作"东南"。

凡洞庭山之首，自篇遇之山至于荣余之山，凡十五山，二千八百里[①]。其神状皆鸟身而龙首。其祠：毛用一雄鸡、一牝豚钊[②]，糈用稌。凡夫夫之山、即公之山、尧山、阳帝之山，皆冢也，其祠：皆肆瘗[③]，祈用酒，毛用少牢，婴毛[④]一吉玉。洞庭、荣余山，神也，其祠：皆肆瘗，祈酒太牢祠，婴用圭璧十五，五采惠[⑤]之。

①据郝懿行统计，为一千八百四十九里。 ②钊(jī)：也作"刉"，切割。③肆瘗：谓陈列牲、玉后埋掉。肆，陈列。 ④毛：当作"用"。 ⑤惠：通"绘"，装饰。

右中经之山志，大凡百九十七山[①]，二万一千三百七十一里[②]。大凡天下名山五千三百七十，居地，大凡六万四千五十六里。

①据郝懿行统计，为百九十八山，除去《中次五经》中所缺一山，为百九十七山。 ②据郝懿行统计，为二万九千五百九十八里。

禹曰[①]：天下名山，经[②]五千三百七十山，六万四千五十六

里，居地也。言其五藏[③]，盖其馀小山甚众，不足记云。天地之东西二万八千里，南北二万六千里，出水之山者八千里，受水者八千里，出铜之山四百六十七，出铁之山三千六百九十[④]，此天地之所分壤树穀也，戈矛之所发也，刀铩[⑤]之所起也。能者有馀，拙者不足[⑥]。封于太山，禅于梁父，七十二家[⑦]，得失之数，皆在此内，是谓国用[⑧]。

①禹曰：《山海经》系古人假托大禹所作，“禹曰”也为古人假托大禹之言。　②经：经过。　③五藏：《汉书》上说：“山海，天地之臧。”故《山海经》这五篇山经称为《五藏山经》。藏，古字又作“臧”。　④三千六百九十：一作“三千六百九”，无“十”字。上句一作“出水者八千里”，无“之山”二字。　⑤铩(shā)：古代的兵器名，即铍(pī)，大矛。　⑥“能者”二句：一作“俭则有馀，奢则不足”。　⑦“封于”三句：《管子・封禅》云：“古者封泰山，禅梁父者，七十二家。”据此可知这段话根本不是大禹所言。古人称帝王登泰山筑坛祭天为“封”，在泰山南梁父山上辟基祭地为“禅”。　⑧清人毕沅《山海经新校正》云：“自此天地之(所)分壤树穀者已下，当是周秦人释语，旧本乱入经文。”郝懿行《山海经笺疏》云：“今案：自‘禹曰’已下，盖皆周人相传旧语，故《管子》援入《地数》篇，而校书者附著《五藏山经》之末。”今按：“禹曰”以下的话，不是大禹所说，这点可以明了。但是否为《山海经》的编著者假托大禹言论，著在《五藏山经》篇末，抑或周人(实为战国时人)的相传旧语，而校书者附于篇末，则很难确定。

右《五藏山经》五篇，大凡一万五千五百三字[①]。

①据郝懿行统计，为二万一千二百六十五字。

山海经第六　海外南经[①]

地之所载[②]，六合[③]之间，四海之内，照之以日月，经之以星辰，纪之以四时，要之以太岁[④]，神灵所生，其物异形[⑤]，或夭或寿，唯圣人能通其道[⑥]。

①这一经记述了海外自西南角至东南角各地的地理形势和风土人情。　②载：承载，承受。　③六合：古人以四方上下为六合。泛指天地。　④要之以太岁：谓以太岁所在的位置来矫正天时。要，矫正。太岁，古代天文学中假设的岁星。　⑤其物异形：《列子·汤问》引作"其物其形"，与下文的"或夭或寿"相对。　⑥据毕沅《山海经新校正》云，此段文字承上卷。《列子·汤问》中的"夏革曰：'大禹曰"六合之间……"'"共四十七字，正是引用此文。西汉末年刘秀（即刘歆）校《山海经》，才分此段文字为二卷。今按：毕沅之说应该是正确的。《山海经》海经部分，每卷都以"海外自……至……者"起首；这段文字放在海经之首，殊不合体例。

海外自西南陬[①]至东南陬者。

①陬（zōu）：隅，角落。

结匈国[①]在其[②]西南，其为人结匈。

①结匈国：国家因人的形状而得名。结匈，谓胸部向前凸出，即鸡胸。　②其：指海外。

南山在其东南。自此山来，虫为蛇，蛇号为鱼[①]。一曰南山在结匈东南[②]。

①“虫为蛇”二句：谓称虫为蛇，而称蛇为鱼。郝懿行《山海经笺疏》云：“今东齐人亦呼蛇为虫也。”　②“一曰”句：经内凡“一曰”云云者，都是后人校此经时附著所见或别本所不同者，后衍入经文。

比翼鸟[①]在其东，其为鸟青、赤，两鸟比翼。一曰在南山东。

①比翼鸟：即《西山经·西次三经》“崇吾之山”条中所载的蛮蛮。

羽民国

羽民国[①]在其东南，其为人长头，身生羽。一曰在比翼鸟东南，其为人长颊[②]。

①关于羽民，郭璞注云：“能飞不能远，卵生，画似仙人也。”晋人张华《博物志·外国》记载说：“羽民国，民有翼，飞不远。多鸾鸟，民食其卵。去九疑四万三千里。”　②颊：面颊。

有神人二八[①]，连臂，为帝司夜[②]于此野。在羽民东，其为人小颊赤肩。尽十六人[③]。

①有神人二八：谓有十六个神人。　②司夜：巡夜。这些神人昼伏夜出，即所谓的夜游神。　③尽十六人：这句话疑为后世校释者之语，衍入经文。

毕方鸟[①]在其东，青水[②]西，其为鸟人面一脚。一曰在二八神东。

①毕方鸟：参见《西山经·西次三经》“章莪之山”条。　②青水：出自昆仑山的五色水之一。

谨头国

谨头国[①]在其南，其为人人面有翼，鸟喙，方捕鱼。一曰在毕方东。或曰谨朱国。

①关于谨头国，《神异经·南荒经》载："南方有人，人面鸟喙而有翼，手足扶翼而行，食海中鱼，有翼不足以飞，一名鴅(huān)兜。《尚书》曰：'放鴅兜于崇山。'一名驩(huān)兜，为人狠恶，不畏风雨禽兽，犯死乃休耳。"《博物志·外国》云："驩兜国，其民尽似仙人。帝尧司徒驩兜。民常捕海岛中，人面鸟口。去南国万六千里。尽似仙人也。"谨头，又作驩头、谨兜、驩兜、鴅兜、谨朱、丹朱等，传说为尧时的大臣，畏罪自投南海而死。尧怜惜他，就让他的儿子迁往南海以奉祭他。谨头国民当为谨头的后世子孙繁衍而成。

厌火国[①]在其国南，兽身黑色，生[②]火出其口中。一曰在谨朱东。

①关于厌火国，郭璞注云："言能吐火，画似猕猴而黑色也。"《博物志·外国》作"厌光国"，云："厌光国民，光出口中，形尽似猿猴，黑色。"厌，通"餍"，饱食。　②生：此字当为衍字。

厌火国

三株树[①]在厌火北，生赤水上，其为树如柏，叶皆为珠。一曰其为树若彗[②]。

①三株树：当作"三珠树"，因其"叶皆为珠"而得名。关于三珠树，《庄子·天地》载："黄帝游乎赤水之北，登乎昆仑之丘，而南望还归，遗其玄珠。"与这三珠树的传说有一定的联系。晋人陶渊明《读山海经》诗云："粲粲三珠树，寄生赤水阴。"用的就是三珠树这一传说。赤水，神话传说中的水名。

②彗：扫帚。

三苗国①在赤水东，其为人相随。一曰三毛国。

①关于三苗国，郭璞注云："昔尧以天下让舜，三苗之君非之，帝杀之。有苗之民，叛入南海，为三苗国。"《左传》《史记》等都有关于三苗传说的记载。

臷国①在其东，其为人黄，能操弓射蛇。一曰䥅国②，在三毛东。

①关于臷（zhī）国，后文《大荒南经》中有记载，可参看。　②䥅国：当作"盛国"。

贯匈国①在其东，其为人匈有窍②。一曰在臷国东。

①关于贯匈国，《淮南子·地形》中记有穿胸民，高诱注云："胸前穿孔达背。"《艺文类聚》卷九十六引《括地图》云："禹诛防风氏。夏后盛德，二龙降之，禹使范氏御之以行，经南方。防风神见禹，怒射之。有迅雷，二龙升去。神惧，以刃自贯其心而死。禹哀之，瘗以不死草，皆生，是名穿胸国。"匈，通"胸"。

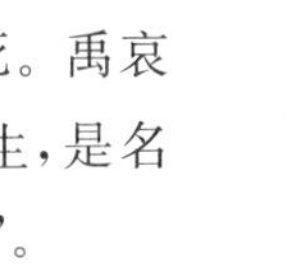

②窍：孔。

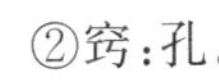

贯匈国

交胫国在其东，其为人交胫①。一曰在穿匈②东。

①交胫：指小腿弯折而相交叉。　②穿匈：即贯胸国。

交胫国

不死民①在其东，其为人黑色，寿，不死。一曰在穿匈国东。

①关于不死民，郭璞注云："有员丘山，上有不死树，食之乃寿。亦有赤泉，饮之不老。"又陶渊明《读山海经》诗云："自古皆有没，何人得灵长？不死复不老，万岁如平常。赤泉给我饮，员邱足我粮。方与三辰游，寿考岂渠央？"

岐舌[①]国在其东。一曰在不死民东。

①岐舌：即枝舌，指舌头分成几股。又郝懿行《山海经笺疏》认为"岐舌"当为"反舌"之误。袁珂《山海经校注》认为，古本经文当作"反舌国在其东，其为人反舌。一曰支舌国，在不死民东"。

昆仑[①]虚在其东，虚[②]四方。一曰在岐舌东，为虚四方。

①昆仑：古代神话传说中的神山。这里的昆仑指方丈山，为海上三仙山之一。 ②虚：山的底部。

羿[①]与凿齿[②]战于寿华[③]之野，羿射杀之[④]。在昆仑虚东。羿持弓矢，凿齿持盾[⑤]，一曰戈[⑥]。

①羿(yì)：古天神名。与夏代后羿本非一人，后混淆为一。 ②凿齿：郭璞注："凿齿亦人也，齿如凿，长五六尺，因以名云。"一说为兽名。 ③寿华：一作"畴华"。南方湖泽名。 ④关于羿的传说，《淮南子·本经》云："尧之时，十日并出，焦禾稼，杀草木，而民无所食。猰貐、凿齿、九婴、大风、封豨、修蛇，皆为民害。尧乃使羿诛凿齿于畴华之野，杀九婴于凶水之上，上射十日而下杀猰貐，断修蛇于洞庭，禽封豨于桑林。万民皆喜，置尧以为天子，于是天下广狭险易，皆有道里。" ⑤持盾：一作"持戟盾"。 ⑥一曰戈：谓"盾"一作"戈"。

三首国[①]在其东，其为人一身三首。一曰在凿齿东[②]。

①关于三首国，《海内西经》有“服常树，其上有三头人，伺琅玕树”之句，所指即此三首国民之类。　②“一曰”句：郝懿行《山海经笺疏》本脱去，据他本补。

三首国

周饶国①在其东，其为人短小，冠带。一曰焦侥国，在三首东。

①周饶，又作“焦侥”、“僬侥”，是“侏儒”的声转，意即短小人。关于周饶国，《国语·鲁语》载：“焦侥氏长三尺，短之至也。”《史记·大宛列传》孔颖达《正义》引《括地志》注云：“小人国在大秦南，人才三尺，其耕稼之时，惧鹤所食，大秦卫助之，即焦侥国，其人穴居也。”又《法苑珠林》卷八引《外国图》云：“焦侥国人长尺六寸，迎风则偃，背风则伏，眉目具足，但野宿。一曰焦侥长三尺，其国草木夏死而冬生，去九疑三万里。”

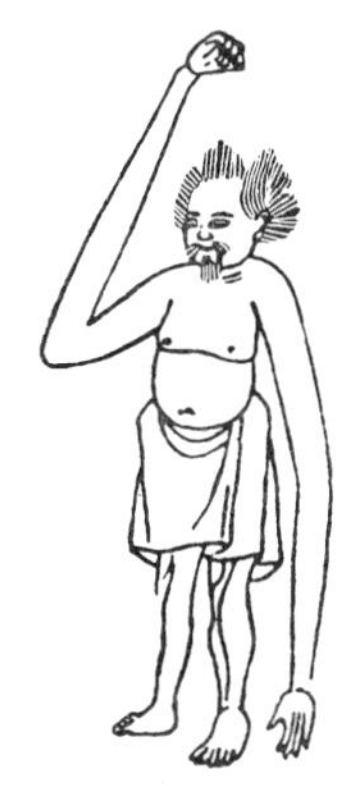
长臂国

长臂国①在其东，捕鱼水中，两手各操一鱼。一曰在焦侥东，捕鱼海中。

①关于长臂国，郭璞注云：“旧说云：其人手下垂至地。魏黄初中，玄菟太守王颀讨高句丽王宫，穷追之，过沃沮国，其东界临大海，近日之所出。问其耆老海东复有人否，云：尝在海中得一布褐，身如中人，衣两袖长三丈，即此长臂人衣也。”

狄山①，帝尧葬于阳②，帝喾葬于阴③。爰有熊、罴、文虎④、蜼、豹、离朱⑤、视肉⑥，吁咽、文王皆葬其所⑦。一曰汤山，一曰爰有熊、罴、文虎、蜼、豹、离朱、鸱久⑧、视肉、虖交⑨。其⑩范林⑪方三百里。

①狄山：即北狄之山。《墨子·即葬下》云："尧北教八狄，道死，葬蛩(qióng)山之阴。"狄指当时居住于北方的少数民族部落。　②"帝尧"句：此说不确。尧所葬之地当在今山东濮县东南。　③"帝喾(kù)"句：帝喾是传说中上古时的部落联盟首领，号高辛氏。帝喾所葬之地在今河南清丰一带。　④文虎：斑纹很鲜明的一种虎。　⑤离朱：一种神鸟，羽毛红色。

⑥视肉：即聚肉，传说为一种牛。这种牛在割肉之后不死，肉会复生。《博物志·异兽》载："越嶲国有牛，稍割取肉，牛不死，经日肉生如故。"又《神异经》载："南方有兽，名无损之兽。人割取其肉不病，肉复自复。"即此类。

⑦"吁咽"句：吁咽，人名，不详何人。文王葬于今陕西西安一带。本书中说帝尧、帝喾、文王都葬于狄山一带，大约是当地人出于敬仰等原因，为他们起土作墓，以示纪念。　⑧鸱(chī)久：即鸲(gōu)鹠，猫头鹰的一种。　⑨虖交：即上文所说的"吁咽"。　⑩其：当为"有"字之讹。　⑪范林：当作"氾林"。

南方祝融[①]，兽身人面，乘两龙。

①祝融：名重黎，相传为帝喾时的火正(掌火官)，后来成为火神。关于祝融的神话，《山海经》中多次出现，说法不一。

山海经第七　海外西经[①]

海外自西南陬至西北陬者。

①这一经记述了海外自西南角至西北角各地的地理形势和风土人情。

灭蒙鸟[①]在结匈国北，为鸟青，赤尾。

①灭蒙鸟：《海内西经》云："孟鸟在貊(mò)国东北，其鸟文赤、黄、青，东乡。"灭蒙鸟疑即孟鸟。

大运山高三百仞，在灭蒙鸟北。

大乐之野，夏后启[①]于此儛《九代》[②]，乘两龙，云盖三层[③]。左手操翳[④]，右手操环[⑤]，佩玉璜[⑥]。在大运山北。一曰大遗之野。

①夏后启：传说为夏朝的建立者，是大禹的儿子。后，君主，帝王。关于夏后启的神话，《竹书纪年》载："夏帝启十年，帝巡狩，舞《九韶》于大穆之野。"又《大荒西经》云："西南海之外，赤水之南，流沙之西，有人珥两青蛇，乘两龙，名曰夏后开(即启，汉人避汉景帝刘启讳改)，开上三嫔于天，得《九辩》与《九歌》以下。此天穆之野，高二千仞，开焉得始歌《九招》。"　②《九代》：乐曲名，又叫《九韶》《九招》。　③层：重。　④翳(yì)：羽毛做的华盖。　⑤环：玉璧。　⑥璜(huáng)：半璧。

三身国[①]在夏后启北，一首而三身。

①关于三身国，《大荒南经》云："大荒之中，有不庭之山，荥水穷焉。有人

三身国

三身，帝俊妻娥皇，生此三身之国，姚姓，黍食，使四鸟。”

一臂国[①]在其北，一臂一目一鼻孔。有黄马虎文，一目而一手[②]。

①关于一臂国，《交州记》载：“儋耳国东有一臂国，人皆一臂也。”《三才图会》云：“一臂国在西海之北，半体比肩，犹鱼鸟相合。”
②手：这里指马腿。

奇肱之国[①]在其北，其人一臂三目，有阴有阳，乘文马[②]。有鸟焉，两头，赤黄色，在其旁。

①关于奇肱（jī gōng）之国，《博物志·外国》载：“奇肱民善为拭扛，以杀百禽。能为飞车，从风远行。汤时西风至，吹其车至豫州。汤破其车，不以视民。十年东风至，乃复作车遣返。而其国去玉门关四万里。”

②文马：毛色有文采的马。《海内北经》云：“犬戎国有文马，缟身朱鬣，目若黄金，名曰吉量，乘之寿千岁。”

奇肱国

形天[①]与帝[②]至此[③]争神，帝断其首，葬之常羊之山[④]，乃以乳为目，以脐为口，操干戚[⑤]以舞。

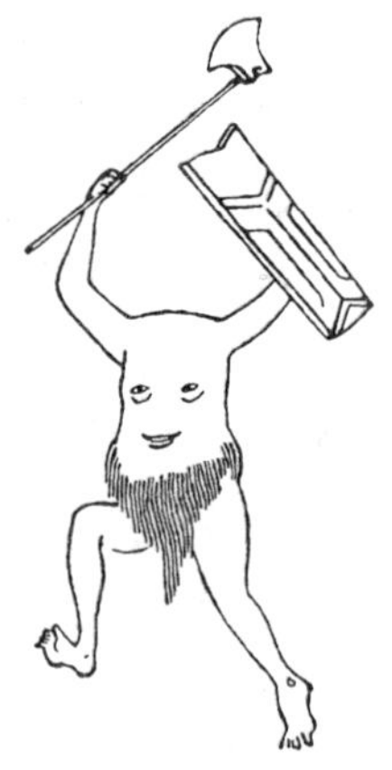
形天

①形天：神名。又作“形夭”、“刑夭”、“刑天”等。袁珂《山海经校注》云：“意此刑天者，初本无名天神，断首之后，始名之为‘刑天’。或作形夭，义为形体夭残，亦通。惟作形天、刑夭则不可通。” ②帝：天帝。
③至此：此二字当为衍字。 ④常羊之山：传说为炎帝神农氏降生之地。 ⑤干戚：盾与斧。

女祭、女戚在其北，居两水间，戚操鱼䱇[①]，祭操俎[②]。

①鱼䱇(shàn)：当作“角䱇”。角䱇是鳝鱼的一种。　　②俎：肉案。

䳓鸟、䲹鸟[①]，其色青黄，所经国亡。在女祭北。䳓鸟人面，居山上。一曰维鸟，青鸟、黄鸟所集。

①䳓(cì)鸟、䲹(dǎn)鸟：古人认为是应祸之鸟，即猫头鹰之类。

丈夫国[①]在维鸟北，其为人衣冠带剑。

①关于丈夫国，郭璞注云：“殷帝太戊使王孟采药，从西王母至此，绝粮，不能进，食木实，衣木皮，终身无妻，而生二子，从形中出，其父即死，是为丈夫民。”

女丑之尸，生而十日炙杀之。在丈夫北。以右手鄣[①]其面。十日居上，女丑居山之上。

①鄣(zhàng)：同“障”，遮蔽。

巫咸国[①]在女丑北，右手操青蛇，左手操赤蛇，在登葆山，群巫所从上下也。

①有关巫咸国，《大荒西经》云：“大荒之中，有山名曰丰沮玉门，日月所入。有灵山，巫咸、巫即、巫朌、巫彭、巫姑、巫真、巫礼、巫抵、巫谢、巫罗十巫，从此升降，百药爰在。”又《太平御览》卷七九〇引《外国图》云：“昔殷帝大戊使巫咸祷于山河，巫咸居于此，是为巫咸民，去南海万千里。”

并封[①]在巫咸东，其状如彘，前后皆有首，黑。

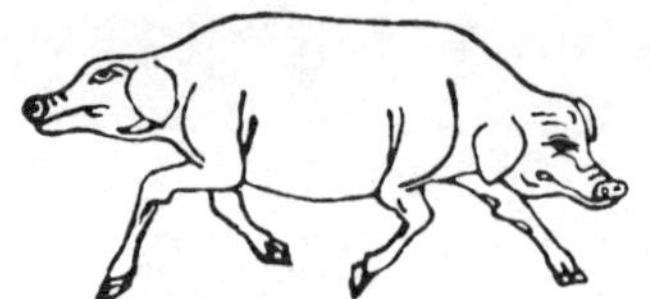
并 封

①并封：《大荒西经》云："有兽，左右有首，名曰屏蓬。""并封"、"屏蓬"声近而转，实为一物。

女子国[①]在巫咸北，两女子居，水周[②]之。一曰居一门中。

①关于女子国，《三国志·魏志·东夷传》载："耆老言：有一国亦在海中，纯女无男。"《后汉书·东夷传》载："或传其国有神井，窥之辄生子。" ②周：环绕。

轩辕之国[①]在此[②]穷山之际，其不寿者八百岁。在女子国北。人面蛇身，尾交首上。

①关于轩辕之国，《大荒西经》云："有轩辕之国，江山之南栖为吉，不寿者乃八百岁。" ②此：《太平御览》卷七九〇所引无"此"字，当为衍字。

穷山在其北，不敢西射，畏轩辕之丘[①]。在轩辕国北。其丘方，四蛇相绕[②]。

①轩辕之丘：参见《西山经·西次三经》。 ②四蛇相绕：谓四蛇环卫此丘。

此诸夭之野[①]，鸾鸟自歌，凤鸟自舞。凤皇卵，民食之；甘露，民饮之，所欲自从也[②]。百兽相与群居。在四蛇北。其人两手操卵食之，两鸟居前导之。

①此诸夭之野："此"为衍字。诸夭之野当作"诸沃之野"。 ②"所欲"句：谓所想得到的自然能得到。

龙鱼[①]陵居[②]在其北，状如貍[③]。一曰鰕[④]。即有神圣乘此以行九野[⑤]。一曰鳖鱼，在夭野北，其为鱼也如鲤。

①龙鱼：一说即陵鱼。　②陵居：居住于高地。　③貍：当为“鲤”字之讹。　④鰕(xiā)：大鲵。　⑤九野：九州疆域。

白民之国[①]在龙鱼北，白身被[②]发。有乘黄[③]，其状如狐，其背上有角，乘之寿二千岁[④]。

①关于白民之国，《大荒东经》云：“有白民之国。帝俊生帝鸿，帝鸿生白民。白民销姓，黍食，使四鸟：虎、豹、熊、罴。”　②被：通“披”。　③乘黄：又叫飞黄，传说黄帝乘而升仙。　④二千岁：一作“三千岁”。

乘　黄

肃慎之国[①]在白民北，有树名曰雄常[②]，先入伐帝，于此取之[③]。

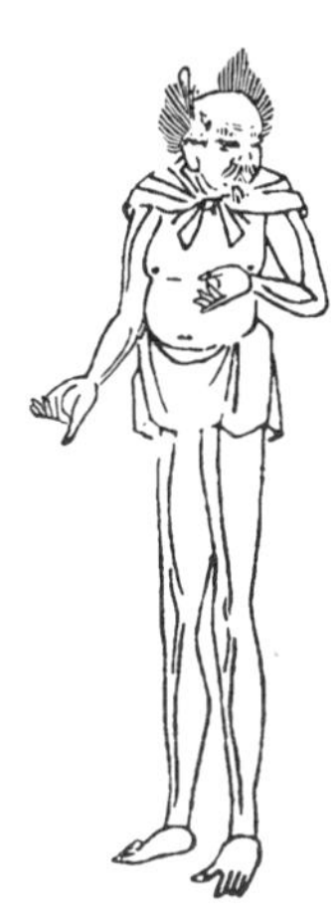

长股国

①关于肃慎之国，《大荒北经》云：“大荒之中，有山名曰不咸。有肃慎氏之国。”　②雄常：一作“雒棠”。　③“先入”两句：《太平御览》卷七八四引作“先人代帝，于此取衣”，卷九六一引作“圣人代立，于此取衣”。

长股之国[①]在雄常北，被发。一曰长脚。

①关于长股之国，《大荒西经》云：“西北海之外，赤水之东，有长胫之国。”即此。郭璞注云：“国在赤水东也。长臂，人身如中人，而臂长二丈，以类推之，则此人脚过三丈矣。

黄帝时至。或曰:长脚人常负长臂人入海中捕鱼也。”

西方蓐收[1],左耳有蛇,乘两龙。

蓐 收

①蓐收:神话传说中的西方金神。参见《西山经·西次三经》“泑山”条注①。

山海经第八　海外北经[①]

海外自东北陬至西北陬者。

①这一经记述海外自东北角至西北角各地的地理形势和风土人情。

无膂之国[①]在长股东，为人无膂。

无膂国

①关于无膂(qǐ)之国，郭璞注云："膂，肥肠也。其人穴居，食土，无男女，死即埋之，其心不朽，死百廿岁乃复更生。"郭注"肥肠"当为"腓肠"，腓肠即小腿肚。一说为"无启之国"，因其人无后嗣而得名。

钟山[①]之神名曰烛阴[②]，视为昼，瞑为夜，吹为冬，呼为夏，不饮，不食，不息，息[③]为风，身长千里[④]。在无膂之东。其为物人面蛇身，赤色，居钟山下。

①钟山：神话传说中北方不见日的寒山。　②烛阴：即《大荒北经》中所说的烛龙。《大荒北经》云："西北海之外，赤水之北，有章尾山。有神，人面蛇身而赤，直目正乘，其瞑乃晦，其视乃明，不食，不寝，不息，风雨是谒。是烛九阴，是谓烛龙。"《古小说钩沉》辑《玄中记》云："北方有钟山焉，山上有石首如人首，左目为日，右目为月，开左目为昼，闭右目为夜；开口为春夏，闭口为秋冬。"　③息：

烛　阴

气息。 ④千里：一作“三千里”。

一目国[①]在其东，一目中其面而居。一曰有手足[②]。

一目国

①关于一目国，《大荒北经》云：“有人一目，当面中生。一曰是威姓，少昊之子，食黍。” ②“一曰”句：此句有误。袁珂《山海经校注》认为此句可能因下文“柔利国在一目东，为人一手一足”而衍。

柔利国

柔利国[①]在一目东，为人一手一足，反厀[②]，曲足居上[③]。一云留利之国，人足反折[④]。

①柔利国：《大荒北经》作“牛黎之国”，其经文云：“有牛黎之国。有人无骨，儋耳之子。” ②厀（xī）：同“膝”。 ③曲足居上：谓脚反卷向上。 ④人足反折：谓其人脚向上弯折。

共工[①]之臣曰相柳氏[②]，九首，以食于九山[③]。相柳之所抵[④]，厥[⑤]为泽溪。禹杀相柳，其血腥，不可以树五谷种[⑥]。禹厥之，三仞三沮[⑦]，乃以为众帝之台[⑧]。在昆仑之北，柔利之东。相柳者，九首，人面蛇身而青。不敢北射，畏共工之台。台在其东，台四方，隅有一蛇，虎色[⑨]，首冲[⑩]南方。

①共工：古代传说中与颛顼争夺帝位的人物。关于共工，《淮南子·天文》载：“昔共工与颛顼争为帝，怒而触不周之山，天柱折，地维绝。天倾西北，故日月星辰移焉；地不满东南，故水潦尘埃归焉。”《淮南子·兵略》云：“共工为水害，故颛顼诛之。” ②相柳氏：又称相繇。《大荒北经》云：“共工臣名曰相繇，九首蛇身，自环，食于九土。其所歍（wū）所尼，即为源泽，不辛乃苦，

百兽莫能处。禹湮洪水，杀相繇，其血腥臭，不可生谷，其地多水，不可居也。禹湮之，三仞三沮，乃以为池，群帝因是以为台。在昆仑之北。”　③“以食于”句：谓相柳的每个头各食一山之物。　④抵：达，触及。　⑤厥：通“掘”。　⑥“不可以”句：谓不能种五谷。　⑦“禹厥之”二句：谓相柳的血将土地浸坏了，大禹掘填之，而土地多次沮陷。厥，通“掘”。仞，填满。沮，毁坏。　⑧众帝之台：指《海内北经》中所说的帝尧台、帝喾台、帝丹朱台和帝舜台。　⑨虎色：谓长着像老虎一样的花纹。　⑩冲：向，面对。

相　柳

深目国[①]在其东，为人举一手。一目[②]在共工台东。

①关于深目国，《大荒北经》云：“有人方食鱼，名曰深目之国，盼姓，食鱼。”　②目：当作“曰”。

无肠之国[①]在深目东[②]，其为人长而无肠。

①关于无肠之国，《大荒北经》云：“又有无肠之国，是任姓，无继子，食鱼。”　②东：一作“南”。

聂耳国

聂耳之国[①]在无肠国东，使两文虎，为人两手聂其耳[②]。县[③]居海水中，及水[④]所出入奇物。两虎在其东。

①关于聂耳之国，《大荒北经》云：“有儋耳之国，任姓，禺号子，食谷。”此“儋耳之国”即聂耳之国。　②“两手”句：郭璞注云：“言耳长，行则以手摄持之也。”聂，同“摄”，摄持。　③县：同“悬”，孤立。　④及水：谓入水捕捉。

夸父[①]与日逐[②]走，入日[③]，渴欲得饮，饮于河渭；河渭不足，北饮大泽[④]。未至，道渴而死。弃其杖，化为邓林[⑤]。

①夸父：炎帝的后代。《大荒北经》云："大荒之中，有山名曰成都载天。有人珥两黄蛇，把两黄蛇，名曰夸父。后土生信，信生夸父，夸父不量力，欲追日景，逮之于禺谷。将饮河而不足也，将走大泽，未至，死于此。" ②逐：一作"竞"。 ③入日：谓追上太阳并将要进去时。一作"日入"。 ④大泽：传说中的北方大湖泊。《海内西经》云："大泽方百里，群鸟所生及所解，在雁门北。" ⑤邓林：即桃林，在今河南灵宝一带。

博父国[①]在聂耳东，其为人大，右手操青蛇，左手操黄蛇。邓林在其东，二树木[②]。一曰博父[③]。

①博父国：即夸父国。 ②二树木：谓邓林由二树而成林。 ③博父：此"博父"疑当作"夸父"。或前面的"博父国"当作"夸父国"。

禹所积石之山[①]在其东，河水所入。

①关于禹所积石之山，《大荒北经》云："大荒之中，有山名曰先槛大逢之山，河济所入，海北注焉。其西有山，名曰禹所积石。"

拘缨之国[①]在其东，一手把[②]缨。一曰利[③]缨之国。

①拘缨之国：当作"拘瘿之国"。瘿是囊状肿瘤，多生于颈部，大者如悬瓠，有碍行动，须用手拘捧，故名。 ②把：持，捧。 ③利：此字疑为误字。

寻木[①]长千里，在拘缨南，生河上西北。

①寻木：即《西山经·西次三经》"槐江之山"条所载的榣木之类的大树。

跂踵国[①]在拘缨东，其为人大，两足亦大[②]。一曰大踵[③]。

①跂踵国：因脚跟不着地，以五个脚趾走路而得名。跂，踮起。踵，脚后跟。　②大：疑作“支”。　③大踵：疑作“反踵”。

欧丝之野[①]在大踵东，一女子跪据树欧丝。

①关于欧丝之野，《博物志·异人》载：“呕丝之野，有女子方跪据树而呕丝，北海外也。”欧，通“呕”，吐。

三桑无枝[①]，在欧丝东，其木长百仞，无枝。

①关于三桑，《北山经·北次二经》云：“洹山，三桑生之，其树皆无枝，其高百仞。”

范林[①]方三百里，在三桑东，洲[②]环其下。

①关于范林，《太平御览》第五十七卷引《启蒙记》云：“汎林鼓于浪岭。”其注云：“西北海有汎林，或方三百里，或百里，皆生海中浮土上，树根随浪鼓动。”此“汎林”即范林。　②洲：水中高地。

务隅之山[①]，帝颛顼[②]葬于阳，九嫔葬于阴。一曰爰有熊、罴、文虎、离朱、鸱久、视肉。

①务隅之山：《海内东经》作“鲋鱼之山”，《大荒北经》作“附禺之山”。今名广阳山，在河南清丰西。　②颛顼：传说中的古代部族首领，号高阳氏。

平丘在三桑东，爰有遗玉[①]、青鸟[②]、视肉、杨柳、甘柤[③]、甘华[④]，百果所生。有[⑤]两山夹上谷，二大丘居中，名曰平丘。

①遗玉：一种玉石。 ②青鸟：当作"青马"。 ③甘柤(zhā)：树名。《大荒南经》云："有盖犹之山者，其上有甘柤，枝干皆赤，黄叶，白华，黑实。" ④甘华：树名。《大荒南经》云："(盖犹之山)东又有甘华，枝干皆赤，黄叶。" ⑤有：当作"在"。

北海内有兽，其状如马，名曰騊駼①。有兽焉，其名曰駮②，状如白马，锯牙，食虎豹。有素兽③焉，状如马，名曰蛩蛩④。有青兽焉，状如虎，名曰罗罗。

①騊駼：音 táo tú。 ②駮：参见《西山经·西次四经》"中曲之山"条。 ③素兽：白色的兽。 ④蛩蛩：音 qióng qióng。

北方禺彊①，人面鸟身，珥②两青蛇，践③两青蛇④。

①彊：音 qiáng。 ②珥：穿在耳朵上。 ③践：踏。 ④青蛇：后文《大荒北经》作"赤蛇"。

山海经第九　海外东经①

海外自东南陬至东北陬者。

①这一经记述海外自东南角至东北角各地的地理形势和风土人情。

䍧丘①，爰有遗玉、青马、视肉、杨柳②、甘柤、甘华，百果所生。在东海，两山夹丘，上有树木。一曰嗟丘。一曰百果所在，在尧葬东③。

①䍧(jiē)丘：一作"发丘"。　②杨柳：《淮南子·地形》引作"杨桃"。③在尧葬东：谓在尧所葬之处的东面。《海外南经》云尧葬于狄山之南。

大人国①在其北，为人大，坐而削②船。一曰在䍧丘北。

①关于大人国，《大荒东经》云："有波谷山者，有大人之国。有大人之市，名曰大人之堂。有一大人踆其上，张其两耳。"又《大荒北经》云："有人名曰大人。有大人之国，釐姓，黍食。"　②削：通"操"。

奢比之尸在其北，兽身人面，大耳①，珥两青蛇。

①大耳：后文《大荒东经》作"犬耳"。

奢　比

君子国①在其北，衣冠带剑，食兽，使二大虎②在旁，其人好让不争③。有薰华草④，朝生夕死。一曰在肝榆之尸北。

①关于君子国，《博物志·外国》云："君子国，人衣冠带剑，使两虎，民衣野丝，好礼让不争。土千里，多薰华之草。民多疾风气，故人不番息。" ②大虎：当作"文虎"。 ③好让不争：谓喜礼让而不喜争执。 ④薰华草：一作"堇华草"。

虹虹①在其北，各有两首②。一曰在君子国北。

①虹虹（hóng hóng）：一种暮虹。虹，同"虹"。 ②各有两首：指虹和霓而言。霓即副虹，位于虹的外侧。

朝阳之谷①，神曰天吴，是为水伯。在虹虹北两水间。其为兽也，八首人面，八足八尾，皆②青黄。

天 吴

①朝阳之谷：指山东边的山间水流。 ②皆：当作"背"。

青丘国在其北①，其狐四足九尾②。一曰在朝阳北。

①"青丘国"句下郭璞注云："其人食五谷，衣丝帛。"此注文当为《山海经》正文。

帝命竖亥①步，自东极至于西极，五亿十选②九千八百步③。竖亥右手把算④，左手指青丘北。一曰禹令竖亥。一曰五亿十万九千八百步。

①竖亥：传说中善走的人物。 ②选：万。 ③八百步：一作"八百

八步”。　④算：当作“筭(suàn)”。筭是古代计数用的筹码，长六寸。

黑齿国在其北，为人黑①，食稻啖蛇，一赤一青②，在其旁。一曰在竖亥北，为人黑首，食稻使蛇，其一蛇赤。

①“黑”字下当有“齿”字。　②一青：一作“一青蛇”。

下有汤谷①。汤谷上有扶桑②，十日所浴。在黑齿北。居水中，有大木，九日居下枝，一日居上枝。

①汤谷：古代传说为日出之处，因溪中水热而得名。又作“旸谷”。《淮南子·天文》云：“日出于旸谷，浴于咸池。”　②扶桑：又叫若木，叶似桑的一种神木。《文选·思玄赋》注引《十洲记》载：“叶似桑树，长数千丈，大二十围，两两同根生，更相依倚，是以名之扶桑。”《大荒北经》云：“大荒之中，有衡石山、九阴山、洞野之山。上有赤树，青叶赤华，名曰若木。”《海内经》云：“南海之内，黑水青水之间，有木名曰若木。”

雨师妾①在其北，其为人黑，两手各操一蛇，左耳有青蛇，右耳有赤蛇。一曰在十日北，为人黑身人面，各操一龟。

①雨师妾：国名。

雨师妾

玄股之国①在其北，其为人衣鱼②食𩿧③，使两鸟夹之。一曰在雨师妾北。

①玄股之国：因其国人大腿以下都是黑色而得名。《大荒东经》云：“有招摇山，融水出焉。有国曰玄股，黍食，使四鸟。”　②衣鱼：谓用鱼皮作衣服。

③鴄(ōu):同"鸥",一种水鸟。

毛民国

毛民之国[①]在其北,为人身生毛。一曰在玄股北。

①关于毛民之国,《大荒北经》云:"有毛民之国,依姓,食黍,使四鸟。禹生均国,均国生役采,役采生修鞈,修鞈杀绰人。帝念之,潜为之国,是此毛民。"

劳民国[①]在其北,其为人黑[②]。或曰教民。一曰在毛民北,为人面目手足尽黑。

①劳民国:国以其民烦躁而得名。劳,烦躁。　②"其为人黑"句下郭璞注云:"食果草实也。有一鸟两头。"此注文当为经文。

东方句芒[①],鸟身人面,乘两龙。

①句(gōu)芒:传说为东方木神。

山海经第十　海内南经[1]

海内东南陬以西者。

①这一经记述海内从东南角往西各地的地理形势和风土人情。

瓯[1]居海中。闽[2]在海中，其西北有山。一曰闽中山在海中。

①瓯(ōu)：今浙江温州一带。　②闽(mǐn)：今浙江南部和福建一带。

三天子鄣山[1]在闽西海北[2]。一曰在海中。

①三天子鄣山：即今安徽休宁、江西婺源交界的率山。　②闽西海北：当作“闽西北”。“海”当为衍字。

桂林八树[1]在番隅[2]东。

①桂林八树：谓桂树八棵而成林。　②番隅：即番禺，今广东广州一带。

伯虑国、离耳国[1]、雕题国[2]、北朐[3]国，皆在郁水南。郁水出湘陵南海[4]。一曰相虑[5]。

①离耳国：在今海南儋(dān)县一带。郭璞注云：“锼离其耳，分令下垂以为饰，即儋耳也。在朱崖海渚中。不食五谷，但噉蚌及藷萸也。”　②雕题

国：因在额头刺纹而得名。今海南黎族女子尚有这一习俗。　③朐：音qú。　④海：一作“山”。　⑤相虑：当作“柏虑”。

枭阳国

枭阳[1]国在北朐之西，其为人[2]人面长脣[3]，黑身有毛，反踵，见人笑亦笑[4]，左手操管。

①枭阳：即狒狒。也作“枭杨”、“枭羊”。　②其为人：一作“其状如人”。　③脣：同“唇”。　④见人笑亦笑：当作“见人则笑。”

兕在舜葬[1]东，湘水[2]南，其状如牛，苍黑，一角。

①舜葬：谓舜所葬之处，即下文所说的苍梧之山。　②湘水：即今湘江。参见《中山经·中次十二经》“洞庭之山”条注④。

苍梧之山[1]，帝舜葬于阳，帝丹朱[2]葬于阴。

①苍梧之山：指九嶷山，在今湖南宁远南。　②帝丹朱：舜的长子，传说因不肖而被舜放逐于南海。

汜林方三百里，在狌狌[1]东。

①狌狌：即猩猩。

狌狌知人名[1]，其为兽如豕而人面，在舜葬西。

①“狌狌”句：《淮南子·泛论》云：“猩猩知往而不知来。”高诱注云：“猩猩，北方兽名，人面兽身，黄色。《礼记》曰：‘猩猩能言，不离走兽。’见人狂走，

则知人姓字：此知往也。又嗜酒，人以酒搏之，饮而不耐息，不知当醉，以禽其身，故曰不知来也。”

狌狌西北有犀牛，其状如牛而黑。

夏后启之臣曰孟涂，是司神于巴①。人请讼于孟涂之所，其衣有血者②乃执之，是请生。居山上，在丹山③西。丹山在丹阳南，丹阳居属也④。

①司神于巴：谓在巴地为主管诉讼之神。巴，今四川、重庆东部和湖北西部一带。　②其衣有血者：谓理屈的一方则有血迹现于衣上。　③丹山：即今巫山，在今重庆和湖北边境，长江穿流其中，成为三峡。　④“丹山”两句：当为郭璞注文，后人误入经文。

窫窳①龙首，居弱水②中，在狌狌知人名③之西，其状如龙首，食人。

①窫窳：即猰貐，传说中的一种怪兽。郭璞注云：“本蛇身人面，为贰负臣所杀，复化而成此物也。”又《北山经》“少咸之山”条记有窫窳，形状与此不同。　②弱水：上游即今甘肃山丹河，与甘州河合流后称黑河，流入内蒙古后又称额济纳河。　③知人名：此三字当为衍字。

有木，其状如牛，引之有皮，若缨、黄蛇①，其叶如罗②，其实如栾③，其木若苉④，其名曰建木⑤。在窫窳西弱水上。

①“引之”二句：谓剥下来的树皮像缨和黄蛇的形状。引，拉，牵。缨，帽带。　②罗：网。　③栾（luán）：树木名。《大荒南经》云：“有云雨之山，有木名曰栾。禹攻云雨，有赤石焉生栾，黄本，赤枝，青叶，群帝焉取药。”　④苉（ōu）：即刺榆树，一种落叶小乔木，枝上有刺，木材可制器具。　⑤关于建木，郭璞注云：“建木，青叶紫茎，黑华黄实，其下声无响，立无影也。”又《海内经》云：“有木，青叶紫茎，玄华黄实，名曰建木，百仞无枝，上有九欘，下

氐人国

有九枸，其实如麻，其叶如芒。大暤爰过，黄帝所为。”

氐人国[①]在建木西，其为人人面而鱼身，无足。

①氐人国：国名。传说其国人为炎帝后裔，能上下于天。

巴蛇[①]食象，三岁而出其骨，君子服之，无心腹之疾。其为蛇青、黄、赤、黑。一曰黑蛇青首，在犀牛西。

巴 蛇

①巴蛇：古代传说中的一种大蛇。《海内经》云：“又有朱卷之国。有黑蛇，青首，食象。”即此。

旄马，其状如马，四节有毛。在巴蛇西北，高山南。

匈奴[①]、开题之国、列人之国并在西北[②]。

旄 马

①匈奴：也称为胡，我国古代民族，战国时游牧于燕、赵、秦以北地区。 ②此条与下文《海内西经》“贰负之臣”条，吴承志《山海经地理今释》认为应在《海内北经》“有人曰大行伯”条之上。

山海经第十一　海内西经[①]

海内西南陬以北者。

①这一经记述海内从西南角往北各地的地理形势和风土人情。

贰负[①]之臣曰危。危与贰负杀窫窳，帝乃梏[②]之疏属之山[③]，桎[④]其右足，反缚两手与发[⑤]，系之山上木。在开题西北。

贰负之臣

①贰负：古天神名。《海内北经》云：“贰负在其东，人面蛇身。”　②梏（gù）：原指木制的手铐，引申为拘禁。　③疏属之山：又名雕山，在今陕西富县西南。　④桎（zhì）：原指脚镣，这里作动词用，谓戴上脚镣。　⑤与发：二字当为衍字。

大泽方百里，群鸟所生及所解[①]。在雁门北。

①解：指毛羽脱落。

雁门山[①]，雁出其间。在高柳[②]北。

①雁门山：在今山西代县西北。　②高柳：山名。在今山西代县北。

高柳在代北。

后稷之葬[①]，山水环之。在氐国[②]西。

①后稷之葬:谓后稷所葬之处。《海内经》云:“西南黑水之间,有都广之野,后稷葬焉。” ②氐国:即氐人国。《海内南经》云:“氐人国在建木西。”

流黄酆氏之国[1],中方三百里,有涂[2]四方,中有山。在后稷葬西。

①关于流黄酆氏之国,《海内经》云:“有国名流黄辛氏,其域中方三百里,其出是尘土。有巴遂山,渑水出焉。” ②涂:通“途”,道路。

流沙[1]出钟山,西行又南行昆仑之虚,西南入海[2]黑水之山。

①流沙:古代指西北地区的沙漠。这里说的流沙在今内蒙古额济纳旗东南。 ②海:指居延海,又称西海,在今内蒙古额济纳旗北境。

东胡[1]在大泽东。

①东胡:古代民族名,因居匈奴(胡)以东而得名。

夷人在东胡东。

貊[1]国在汉水东北,地近于燕[2],灭之。

①貊:音 mò。 ②燕:周代国名,在今河北北部和辽宁西部一带。

孟鸟[1]在貊国东北,其鸟文赤、黄、青,东乡[2]。

①孟鸟:即《海外西经》所说的“灭蒙鸟”。 ②乡:通“向”。

海内昆仑之虚[1],在西北,帝之下都[2]。昆仑之虚,方八百里,高万仞。上有木禾[3],长五寻,大五围。面[4]有九井,以玉为槛。面有九[5]门,门有开明兽[6]守之,百神之所在。在八隅之

岩[7]，赤水之际，非仁羿[8]莫能上冈之岩。

①昆仑之虚：即《西山经·西次三经》所说的"昆仑之丘"。　②帝之下都：天帝在下界的都城。《西山经·西次三经》云："（昆仑之丘）是实惟帝之下都，神陆吾司之。"　③木禾：传说中一种高大的谷类植物。　④面：前。一作"上"。　⑤九：一作"五"。　⑥开明兽：即《西山经·西次三经》所说的神陆吾，虎身而九尾（下文作九首），人面而虎爪。　⑦在八隅之岩：谓群神居于山隅岩穴之间。　⑧仁羿：即夷羿。相传他曾登上昆仑山，向西王母求取长生仙药。

赤水出东南隅，以行其东北。

河水出东北隅，以行其北，西南又入渤海，又出海外，即西而北，入禹所导积石山[1]。

①积石山：即《西山经·西次三经》所说的积石之山。

洋水、黑水出西北隅，以东，东行，又东北，南入海，羽民南。

弱水、青水出西南隅，以东，又北，又西南，过毕方鸟东。

昆仑南渊深三百仞。开明兽身大类虎而九首，皆人面。

开明西有凤皇、鸾鸟，皆戴蛇践蛇，膺[1]有赤蛇。

开明兽

①膺：胸。

开明北有视肉、珠树[1]、文玉树[2]、玗琪树[3]、不死树[4]。凤皇、鸾鸟皆戴瞂[5]。又有离朱[6]、木禾、柏树、甘水[7]、圣木[8]、曼兑[9]。一曰挺木牙交[10]。

①珠树：即《海外南经》所说的三株树。　②文玉树：五彩玉树。

③玗(yú)琪树：赤玉树。　④不死树：树名，传说食其果实可以长生，故名。　⑤瞂(fá)：盾。　⑥离朱：即三足乌。参见《海外南经》“狄山”条。　⑦甘水：即醴泉，一种甜的泉水。　⑧圣木：传说中吃了能使人聪明的一种树。　⑨曼兑：不详何物。　⑩挺木牙交：一说即璇树。一说有脱文。

开明东有巫彭、巫抵、巫阳、巫履、巫凡、巫相①，夹窫窳之尸，皆操不死之药以距之②。窫窳者，蛇身人面，贰负臣所杀也。

①“巫彭”等人：此六人都是巫医。《大荒西经》云：“有灵山，巫咸、巫即、巫肦、巫彭、巫姑、巫真、巫礼、巫抵、巫谢、巫罗十巫，从此升降，百药爰在。”可以参看。　②“皆操”句：谓持令人长生不死的仙药来拒却死气，以使窫窳复活。距，通“拒”。

服常树①，其上有三头人，伺琅玕树②。

①服常树：疑即沙棠树。　②琅玕树：即珠树。郭璞注云：“琅玕子似珠。《尔雅》曰：‘西北之美者，有昆仑之琅玕焉。’庄周曰：‘有人三头，递卧递起，以伺琅玕与玗琪子。’谓此人也。”

开明南有树鸟①，六首，蛟、蝮②、蛇、蜼、豹、鸟秩树③，于表池树木④，诵鸟⑤、鶽⑥、视肉。

①树鸟：疑即《大荒西经》所说的“鸀(chù)鸟”。　②蝮：即蝮虫。参见《南山经》“猨翼之山”条注②。　③鸟秩树：不详何树。　④“于表池”句：谓华池周围有许多树木。　⑤诵鸟：不详何鸟。　⑥鶽(sǔn)：即雕。

山海经第十二　海内北经[①]

海内西北陬以东者。

①这一经记述海内从西北角往东各地的地理形势和风土人情。

蛇巫之山，上有人操柸[①]而东向立。一曰龟山[②]。

①柸（bàng）：同"棓"，大棒。　②疑此条及下条当移于《海内西经》'开明南有树鸟'条之后，而《海内南经》'匈奴'条与《海内西经》'贰负之臣曰危'条当移于此处。

西王母[①]梯几[②]而戴胜杖[③]。其南有三青鸟[④]，为西王母取食。在昆仑虚北。

①西王母：神话传说中的人物。参见《西山经·西次三经》"玉山"条和《大荒西经》"西海之南"条。《神异经》《淮南子》《览冥传》《穆天子传》等书中都有关于西王母的传说。　②梯几：靠着几。梯，凭，靠。几，古人坐时凭靠身体或搁置物件的矮桌子。　③杖：此字当为衍字。　④三青鸟：西王母的使者。《大荒西经》云："（西有王母之山）有三青鸟，赤首黑目，一名曰大鵹，一名少鵹，一名曰青鸟。"

有人曰大行伯，把[①]戈。其东有犬封国[②]。贰负之尸在大行伯东。

①把：持。　②关于犬封国，郭璞注云："昔盘瓠杀戎王，高辛以美女妻之，不可以训，乃浮之会稽东海中，得三百里地封之，生男为狗，女为美人，是

为狗封之国也。”郭注所记神话，又见《玄中记》《搜神记》等。

犬封国曰犬戎国，状如犬。有一女子，方跪进杯[①]食。有文马，缟身[②]朱鬣，目若黄金，名曰吉量[③]，乘之寿千岁。

①杯：同“杯”。 ②缟身：谓马身洁白如缟。 ③吉量：一作“吉良”。

鬼国[①]在贰负之尸北，为物人面而一目。一曰贰负神在其东，为物人面蛇身。

①鬼国：即一目国，《海外北经》有载。又《大荒北经》云：“有人一目，当面中生。一曰是威姓，少昊之子，食黍。”

蜪犬[①]如犬，青，食人从首始。

①蜪（táo）犬：传说中北方一种吃人的犬。

穷奇[①]状如虎，有翼，食人从首始，所食被发，在蜪犬北。一曰从足。

①关于穷奇，《西山经·西次四经》云：“（邽山）其上有兽焉，其状如牛，蝟毛，名曰穷奇，音如獆狗，是食人。”《神异经·西北荒经》云：“西北有兽焉，状似虎，有翼能飞，便勦（chāo，轻捷）食人，知人言语。闻人斗，辄食直者；闻人忠信，辄食其鼻；闻人恶逆不善，辄杀兽往馈之。名曰穷奇。亦食诸禽兽也。”

帝尧台、帝喾台、帝丹朱台、帝舜台，各二台，台四方，在昆仑东北。

大蜂，其状如螽[①]。朱蛾，其状如蛾[②]。

①螽(zhōng):蝗类总名。　②蛾(yǐ):通"蚁"。

蟜[①],其为人虎文,胫有䏿。在穷奇东。一曰状如人,昆仑虚北所有。

①蟜(qiáo):传说中的一种野人。

阘[①]非,人面而兽身,青色。

①阘:音 tà。

据比[①]之尸,其为人折颈被发,无一手。

①据比:风神,又称掾比、诸比。

环狗,其为人兽首人身。一曰蝟状如狗,黄色。

袜[①],其为物人身,黑首从目[②]。

①袜(mèi):通"魅"。　②从目:即纵目,谓眼睛上下竖起。

戎[①],其为人人首三角。

①戎:古代部落名,即离戎。

林氏国[①]有珍兽,大若虎,五采毕具,尾长于身,名曰驺吾[②],乘之日行千里。

驺　吾

①林氏国:古代部落名,地与离戎相邻。　②驺(zōu)吾:传说中的一种义

兽，又叫驺虞。相传周文王被囚羑里时，部属向林氏国求得此兽献给殷纣王，周文王得以脱身。

昆仑虚南所，有氾林方三百里。

从极之渊[①]，深三百仞，维冰夷[②]恒[③]都焉。冰夷人面，乘两龙。一曰忠极之渊。

①从极之渊：一作“从极之川”。　②冰夷：又称冯夷、无夷，即河伯。关于河伯，《庄子·大宗师》云：“冯夷得之，以游大川。”成玄英疏云：“姓冯名夷，弘农华阴潼乡堤首里人也。服八石，得水仙。大川，黄河也。天帝锡冯夷为河伯，故游处盟津大川之中也。”《后汉书·张衡传》注引《龙鱼河图》云：“河伯姓吕，名公子，夫人姓冯，名夷。”《楚辞·九歌》洪兴祖补注引《抱朴子》云：“冯夷以八月上庚日渡河溺死，天帝署为河伯。”　③恒：一作“潜”。

阳汙之山[①]，河出其中；凌门之山[②]，河出其中。

①阳汙之山：即阳纡之山。《穆天子传》卷一载：“至于阳纡之山，河伯无夷之所都居。”　②凌门之山：即陵门之山。阳纡之山和陵门之山都是黄河支流的源头。《水经注·河水》云：“河水又出于阳纡、陵门之山，而注于冯逸之山。”

王子夜[①]之尸，两手、两股、胸、首、齿[②]皆断异处。

①王子夜：即王子亥，殷商时的王子。《古本竹书纪年》载：“殷王子亥宾于有易而淫焉，有易之君绵臣杀而放之。”　②齿：此字可能是衍字。

舜妻登比氏[①]生宵明、烛光，处河大泽，二女之灵能照此所方百里。一曰登北氏。

①登比氏：传说舜有三妻，除登比氏外，还有娥皇、女英。

盖国[①]在巨燕[②]南，倭[③]北。倭属燕[④]。

①盖国：古国名。在今朝鲜平安、咸镜两道间的盖马大山一带。　②巨燕：指今河北北部和辽宁东部、南部一带。　③倭：古国名。在今日本九州岛，后指称日本。　④这一条及以下九条均应移至《海内东经》"巨燕在东北陬"条之后。

朝鲜[①]在列阳[②]东，海北山南[③]。列阳属燕。

①朝鲜：古地名。在今朝鲜平壤一带。　②列阳：即列水之阳，指列水的北面地区。列水即今朝鲜的大同江。　③海北山南：指黄海之北，分黎山之南。分黎山，今不详何处。

列姑射[①]在海河州中。

①列姑射(yè)：山名。即《庄子》所说的藐姑射之山。《庄子·逍遥游》云："藐姑射之山，有神人居焉。"《东山经·东次二经》云："姑射之山，无草木，多水。又南水行三百里，流沙百里，曰北姑射之山。无草木，多石。又南三百里，曰南姑射之山。无草木，多水。"

射姑国[①]在海中，属列姑射，西南山环之。

①射姑国：当作"姑射国"。

大蟹[①]在海中。

①大蟹：传说中的巨蟹。《古小说钩沉》辑《玄中记》云："天下之大物，北海之蟹，举一螯能加于山，身故在水中。"《太平御览》卷九四二引《岭南异物志》云："尝有行海得洲渚，林木甚茂。乃维舟登岸，爨于水傍。半炊而林没于水。遂斩其缆，乃得去。详视之，大蟹也。"

陵鱼[①]人面,手足,鱼身,在海中。

陵 鱼

①陵鱼:即人鱼。《山海经》中有多处关于人鱼的记载。此陵鱼在海中,与《博物志》所记的鲛人近似。

大鳊[①]居海中。

①鳊(biān):即鳊鱼,鲤科鱼类,体侧扁,肉味鲜美。

明组邑[①]居海中。

①明组邑:当为村落名,不详何处。

蓬莱山[①]在海中。

①蓬莱山:传说在渤海中,是海上仙山之一。《史记·封禅书》云:“蓬莱、方丈、瀛洲,此三神山者,其传在渤海中,诸仙人及不死之药皆在焉,其物禽兽尽白,而黄金银为宫阙。未至,望之如云。”

大人之市[①]在海中。

①关于大人之市,《大荒东经》云:有波谷山者,有大人之国。有大人之市,名曰大人之堂。有一大人踆其上,张其两臂。”

山海经第十三　海内东经[①]

海内东北陬以南者。

①这一经记述海内从东北角往南各地的地理形势和风土人情。

巨燕在东北陬。

国在流沙中者埻端[①]、玺㬇[②]，在昆仑虚东南。一曰海内之郡，不为郡县，在流沙中[③]。

①埻(guó)端：国名。　②玺㬇(huàn)：国名。　③此条和以下二条疑当移于《海内西经》"流沙出钟山"条后。

国在流沙外者，大夏[①]、竖沙[②]、居繇[③]、月支之国[④]。

①大夏：古代西域国名。地当在今阿富汗北部兴都库什山与阿姆河上游之间。郭璞注云："大夏国城方二三百里，分为数十国，地和温，宜五谷。"又《史记·大宛传》载："大夏在大宛西南二千馀里，妫(guī)水南。其俗土著有城屋，与大宛同俗。无大王长，往往城邑置小长。"　②竖沙：即宿沙，古代西域国名。　③居繇：古代西域国名。　④月支之国：古代西域国名。月支，又作"月氏"。秦汉之时，其部族游牧于敦煌、祁连一带。后遭匈奴攻击，大部分西迁至今新疆西部伊犁河流域一带，称大月氏。少数没有西迁的进入祁连山，与羌人杂居，称小月氏。

西胡白玉山[①]在大夏东，苍梧[②]在白玉山西南，皆在流沙西，昆仑虚东南。昆仑山[③]在西胡西，皆在西北。

①白玉山:古西域山名。因盛产白玉而得名。 ②苍梧:此苍梧与南海苍梧为同名异地。 ③昆仑山:此昆仑山即今新疆、西藏交界处的昆仑山。

雷 神

雷泽[1]中有雷神,龙身而人头,鼓其腹。在吴西。

①雷泽:即震泽,指今太湖,在今江苏南部,浙江北部。

都州在海中。一曰郁州[1]。

①郁州:当作"郁洲"。郁洲在今江苏连云港东,本在海中,后与大陆相连。洲上有郁山,即今云台山。

琅邪台[1]在渤海[2]间,琅邪[3]之东。其北有山。一曰在海间。

①琅邪台:琅玡山在今山东胶南南境,面临黄海。相传春秋时越王勾践争霸中原时,曾在此山上筑台观海。公元前219年,秦始皇东游至此山,建琅邪台。一说海边有山似台,因称。 ②渤海:古代所称的渤海的范围比今之渤海范围要大,包括今黄海的一部分。 ③琅邪:春秋时齐国古邑名,故城在今山东胶南夏河城一带。春秋时勾践灭吴后,欲北上争霸,曾迁都于此。

韩雁[1]在海中,都州南。

①韩雁:古代朝鲜半岛南部的国名。

始鸠[1]在海中,辕厉[2]南。

①始鸠：当为古代国名。　②辕厉：当为“韩雁”之误。辕（轅）、韩（韓）古音相近，字形相似；厉（厲）、雁（鴈）字形相似。

会稽山①在大楚②南。

①会稽山：山名。参见《南山经·南次二经》“会稽之山”条注①。②大楚：当为“大越”之误。

岷三江：首大江出汶山①，北江出曼山②，南江出高山③。高山在城都④西，入海在长州⑤南⑥。

①汶(mín)山：即岷山。参见《中山经·中次九经》“岷山”条注①。②曼山：即崌山。参见《中山经·中次九经》“崌山”条注①。　③高山：即崃山。参见《中山经·中次九经》“崃山”条注①。　④城都：当作“成都”，即今四川成都。　⑤长州：当作“长洲”，即今江苏苏州。　⑥《海内东经》中此条和以下各条与本经无关，疑为后世传抄者衍入经文。

浙江①出三天子都②，在其东，在闽西北，入海馀暨③南。

①浙江：今钱塘江的别称，又叫渐江、之江，上游是新安江。　②三天子都：即三天子鄣山。参见《海内南经》“三天子鄣山”条注①。　③馀暨：春秋时越国古邑名。故城在今浙江萧山西。

庐江①出三天子都，入江彭泽②西。一曰天子鄣。

①庐江：即庐源水，发源于江西婺源北的庐岭山，是鄱江南源乐安江的上游。　②彭泽：即彭蠡，古代大泽名。地在今湖北黄梅和安徽宿松、望江间的龙感湖、大官湖、黄湖、泊湖一带。

淮水①出馀山②，馀山在朝阳③东，义乡④西，入海淮浦⑤北。

①淮水：指古代的淮河，发源于今河南桐柏山，流经今河南南部、安徽和江苏，注入洪泽湖。　②馀山：疑即今河南南部的桐柏山。　③朝阳：古县名。汉置，辖今河南邓县东南一带。　④义乡：可能是“义阳乡”之误。义阳乡为汉时所置，地在今河南桐柏东。　⑤淮浦：古县名。汉置，辖今江苏涟水西一带。

湘水① 出舜葬东南陬，西环之，入洞庭② 下。一曰东南西泽③。

①湘水：即今湘江。参见《中山经·中次十二经》“洞庭之山”条注④。　②洞庭：即今湖南北部的洞庭湖。　③东南西泽：意谓东南入西泽。

汉水①出鲋鱼之山②，帝颛顼葬于阳，九嫔葬于阴，四蛇卫之。

①汉水：见《西山经》“大时之山”条注④。　②鲋鱼之山：即今河南清丰西南的广阳山。参见《海外北经》“务隅之山”条注①。汉水出于今陕西宁强西北的嶓冢山，与此山毫不相关，因此这段经文可能有误。《北堂书钞》卷九十二引此经作“濮水”。濮水正源于这一带。

濛水①出汉阳②西，入江聂阳③西。

①濛水：即今岷江支流大渡河，因出于蒙山（岷山）而得名。　②汉阳：指汉水北面。　③聂阳：《水经注》引此经作“滠阳”。不详何处。

温水①出崆峒山②，在临汾③南，入河华阳④北。

①温水：古水名。郭璞注云：“今温水在京兆阴盘县（今陕西临潼一带），水常温也。”　②崆峒山：又叫头山，在今甘肃平凉西，属六盘山脉。③临汾：即今山西临汾。郝懿行《山海经笺疏》认为：“温水”、“临汾”可能是“泾水”、“临泾”之误。临泾在今甘肃镇原一带。　④华阳：今陕西商州一带。

颍水[1]出少室[2]。少室山在雍氏[3]南。入淮西鄢[4]北。一曰缑氏。

①颍水：淮河的最大支流，在今安徽西北部及河南东部。　②少室：山名。在今河南登封县北，嵩山西。　③雍氏：当作“缑氏”。缑氏山在今河南偃师东南。　④鄢：即今河南鄢陵。

汝水[1]出天息山[2]，在梁勉乡[3]西南，入淮极[4]西北。一曰淮在期思[5]北。

①汝水：古水名。上游即今河南北汝河；自郾城以下，今已改道。②天息山：为优牛山的一个山峰，在今河南嵩县南。　③梁勉乡：梁为春秋时古邑名，故城在今河南汝州西一带。勉乡，古地名，不详何处。　④淮极：古地名。今河南淮滨一带。　⑤期思：古县名。地在今河南淮滨南。

泾水[1]出长城[2]北山[3]，山在郁郅[4]、长垣[5]北，北入渭戏[6]北。

①泾水：参见《西山经·西次二经》“高山”条注④。　②长城：指秦所筑长城。　③北山：指崆峒山。　④郁郅（zhì）：古地名。在今甘肃庆阳一带。　⑤长垣：古地名。在今甘肃镇原一带。　⑥戏：古地名，也是古河流名。在今陕西临潼东北。

渭水出鸟鼠同穴山[1]，东注河，入华阴[2]北。

①鸟鼠同穴山：见《西山经·西次四经》“鸟鼠同穴之山”条注①。②华阴：即今陕西华阴。

白水[1]出蜀，而东南注江，入江州城[2]下。

①白水：即白水江，源出今四川松潘东北，在今四川广元西南入嘉陵江。

②江州城：古城名。指今重庆市区一带。

沅水山①出象郡②镡城③西，入④东注江，入下隽④西，合洞庭中。

①沅水山："山"为衍字。沅水，见《中山经·中次十二经》"洞庭之山"条注③。　②象郡：郡名。秦时所置，辖今广西西部、广东西南部、贵州南部、湖南西南部和越南北部一带。　③镡（xín）城：古县名。辖今湖南靖州西南一带。　④入：此字为衍字。　⑤下隽：古地名。在今湖北通城西北一带。

赣水①出聂都东山②，东北注江，入彭泽西。

①赣水：贯穿今江西全省的大江，有二源，西为章水，东为贡水，二水汇于赣州，始称赣江，北流注入鄱阳湖。　②聂都东山：一作"聂都山"。此指章水发源处，在今江西大余西。

泗水①出鲁②东北而南，西南过湖陵③西，而东南注东海④，入淮阴⑤北。

①泗水：源出山东泗水东蒙山南麓，因有四个源头，故名泗水。②鲁：指今山东西南部一带，周时为鲁国封地。　③湖陵：古县名。辖今山东鱼台东南一带。　④注东海：古泗水在今江苏淮阴西南注入淮河后入黄海。古代所称的东海，意即东边的大海，包括现在的黄海；明代以后才专指现在的东海。　⑤淮阴：古县名。治所即今江苏淮阴西南甘罗城。

郁水①出象郡，而西南注南海，入须陵②东南。

①郁水：今广西的右江、郁江、浔江和广东的西江，古代都称为郁水。②须陵：不详何处。一说为"湘陵"之声转。

肄水[①]出临晋[②]西南，而东南注海，入番禺[③]西。

①肄水：即溱水，今北江的西源，源出今湖南临武。北江在今广东三水与西江汇合后称珠江，入南海。　②临晋：当作“临武”。　③番禺：见《海内南经》“桂林八树”条注②。

潢水[①]出桂阳[②]西北山，东南注肄水，入敦浦[③]西。

①潢水：即涯水，又称桂水，即今之连江。发源于今湖南临武西南，在今广东英德西南注入北江。　②桂阳：古县名。辖今广东连州一带。　③敦浦：不详何地。一作“郭浦”。

洛水[①]出洛西山[②]，东北注河，入成皋[③]之西。

①洛水：此指南洛河。参见《西山经》“竹山”条注⑦。　②西山：即冢岭山。参见《中山经·中次四经》“讙举山”条注①。　③成皋：古县名。辖今河南荥阳汜水一带。

汾水[①]出上窳北，而西南注河，入皮氏[②]南。

①汾水：即汾河，源出今山西宁武管涔山，在今山西河津注入黄河。　②皮氏：古县名。治所在今山西河津西。

沁水[①]出井陉山[②]东，东南注河，入怀[③]东南。

①沁水：即沁河，源出今山西沁源东北太岳山脉的羊头山，在河南武陟注入黄河。　②井陉山：疑指今山西中部的太岳山。与今河北井陉西北的井陉山为同名异山。　③怀：古县名。治所在今河南武陟西。

济水[①]出共山[②]南东丘，绝[③]巨鹿泽[④]，注渤海，入齐[⑤]琅槐[⑥]

东北。

①济水：源出今河南济源西的王屋山，下游屡经变迁，注入黄河。据《汉书·地理志》《水经》等载，汉时黄河有分流处正对着济水入黄河处，因此古人视为济水下游。此河自今河南荥阳北分黄河东出，流经今原阳、封丘，至今山东定陶西，转折至东北注入巨野泽，又自泽北流出，经今梁山、东阿，至今济南泺口，沿今小清河河道注入渤海。 ②共山：指王屋山。参见《北山经·北次三经》“王屋之山”条注①。 ③绝：截断。 ④巨鹿泽：当作“巨野泽”。巨野泽又名大野泽，是古代的大湖泊，在山东巨野北，今已湮没。 ⑤齐：周时分封的诸侯国，在今山东东部一带。 ⑥琅槐：古县名。治所在今山东广饶东北。

潦水①出卫皋②东，东南注渤海，入潦阳③。

①潦水：即今辽河，有东西两源：东辽河源出吉林东辽东吉林哈达岭；西辽河北源西拉木伦河出内蒙古克什克腾西南白岔山，南源老哈河出河北平泉光头山。两河在辽宁昌图汇合后流注渤海。 ②卫皋：山名。即今白岔山。 ③潦阳：古县名。即辽阳，治所在今辽宁辽中东。

虖沱水①出晋阳②城南而西，至阳曲③北，而东注渤海，入越章武④北。

①虖沱水：参见《北山经·北次三经》“泰头之山”条注②。 ②晋阳：古邑名。故城在今山西太原西南晋源镇。 ③阳曲：古县名。西汉置，治所在今山西定襄东南。 ④越章武：“越”字是衍字。章武是古县名，辖今河北黄骅西南一带。

漳水①出山阳②东，东注渤海，入章武南。

①漳水：见《北山经·北次三经》“发鸠之山”条注⑦。 ②山阳：古县名。辖今河南焦作东一带。

山海经第十四　大荒东经①

东海之外大壑②，少昊③之国。少昊孺④帝颛顼⑤于此，弃其琴瑟⑥。有甘山者，甘水出焉，生甘渊⑦。

①这一经记述了东边极远地区的地理形势和风土人情。大荒指四海之外的极远地区。　②大壑：传说中的大峡谷。《列子·汤问》载："渤海之东，不知其几亿万里，有大壑焉，实惟无底之谷，其下无底，名曰归墟。八纮九野之水，天汉之流，莫不注之，而无增减焉。"　③少昊：即少皞，名挚，号金天氏，传说中远古东夷族的首领。相传是黄帝的儿子或孙子。　④孺：养育。　⑤颛顼：据《山海经·海内经》云："黄帝妻雷祖，生昌意，昌意生韩流，韩流取淖子曰阿女，生帝颛顼。"则颛顼为黄帝曾孙。　⑥弃其琴瑟：郝懿行《山海经笺疏》注云："此言少皞孺养帝颛顼于此，以琴瑟为戏弄之具而留遗于此也。"　⑦甘渊：即《海外东经》所说的汤谷。

大荒东南隅，有山名皮母地丘。

东海之外，大荒之中，有山名曰大言①，日月所出②。

①大言：一作"大谷"。　②日月所出：《大荒东经》中所记"日月所出"之山共六处，此为第一处。

有波谷山者，有大人之国①。有大人之市，名曰大人之堂②。有一大人踆③其上，张其两耳④。

①大人之国：《海外东经》记有大人国。郭璞注引《河图玉版》云："从昆仑以北九万里，得龙伯国人，长三十丈，生万八千岁而死。从昆仑以东得大秦人，长十丈，皆衣帛。从此以东十万里，得佻人国，长三十丈五尺。从此以东

十万里，得中秦国人，长一丈。” ②大人之堂：疑为山名，因形状似堂而得名。 ③踆：通：“蹲”，居处。 ④耳：当作“臂”。

有小人国，名靖[①]人。

①靖：细小的样子。

有神，人面兽身，名曰犂䰳[①]之尸。

①䰳：音 líng。

有潏[①]山，杨水出焉。

①潏：音 jué。

有蒍[①]国，黍食，使四鸟[②]：虎、豹、熊、罴。

①蒍：音 wěi。 ②使四鸟：郝懿行《山海经笺疏》认为：“经言皆兽，而云‘使四鸟’者，鸟兽通名耳。”使，役使。

大荒之中，有山名曰合虚[①]，日月所出。

①合虚：一作“含虚”。此为第二处记载“日月所出”之山。

有中容之国。帝俊[①]生中容，中容人食兽、木实[②]，使四鸟：豹、虎、熊、罴。

①帝俊：即帝舜或帝喾。这里指舜。 ②木实：《吕氏春秋·孝行览》云：“指姑之东，中容之国，有赤木玄木之叶焉。”高诱注云：“赤木玄木，其叶皆可食，食之而仙也。”经文“木实”即指此赤木玄木之叶。

有东口之山。有君子之国[1]，其人衣冠带剑。

①君子之国：已见《海外东经》。

有司幽之国。帝俊生晏龙，晏龙生司幽。司幽生思士，不妻；思女，不夫[1]。食黍，食兽，是使四鸟。

①"司幽生思士"四句：谓司幽国不婚配。郭璞注云："言其人直思感而气通，无配合而生子，此《庄子》所谓'白鹄相视，眸子不运而感风化'之类也。"

有大阿之山者。

大荒中，有山名曰明星[1]，日月所出。

①明星：此为第三处记载"日月所出"之山。

有白民之国[1]。帝俊生帝鸿，帝鸿生白民。白民销姓，黍食，使四鸟：虎、豹、熊、罴。

①白民之国：已见《海外西经》。

有青丘之国[1]，有狐，九尾。

①青丘之国：已见《海外东经》。

有柔仆民，是维嬴土[1]之国。

①嬴土：肥沃的土地。

有黑齿之国[1]。帝俊生黑齿，姜姓，黍食，使四鸟。

①黑齿之国：已见《海外东经》。

有夏州之国。

有盖余之国。

有神人，八首人面，虎身十尾，名曰天吴[①]。

①天吴：已见《海外东经》"朝阳之谷"条。

大荒之中，有山名曰鞠陵于天、东极、离瞀[①]，日月所出。名曰折丹[②]，东方曰折，来风曰俊[③]，处东极以出入风。

①鞠陵于天、东极、离瞀(mào)：三座山名。此为第四处记载"日月所出"之山。 ②折丹：神人名。疑"名曰折丹"上脱"有神"二字。 ③俊：和美的风。

东海之渚[①]中有神，人面鸟身，珥两黄蛇，践两黄蛇，名曰禺虢[②]。黄帝生禺虢，禺虢生禺京[③]，禺京处北海，禺虢处东海，是为海神。

①渚(zhǔ)：水中的小块陆地。 ②虢(hào)：同"号"。 ③禺京：即禺彊。参见《海外北经》。

有招摇山，融水出焉。

有国曰玄股[①]，黍食，使四鸟。

①玄股：参见《海外东经》"玄股之国"条。

有困民国[①]，勾姓而[②]食。有人曰王亥[③]，两手操鸟，方食其头。王亥托于有易、河伯仆牛[④]。有易杀王亥，取仆牛。河[⑤]念有易，有易潜出，为国于兽，方食之，名曰摇民。帝舜生戏[⑥]，戏生

摇民。

①困民国：当作“因民国”。因民，即《海内经》所载的“嬴民”，也即下文所说的“摇民”，“因”、“嬴”、“摇”三字为一声之转。　②而：据袁珂《山海经校注》云：此字当作“黍”，因篆书两字字形相近而误。　③王亥：即殷王子亥。参见《海内北经》“王子夜之尸”条注①。　④仆牛：即服牛，驯养之牛。　⑤“河”字后当脱一“伯”字。　⑥戏：即有易。“易”、“戏”声近而转。

海内有两人，名曰女丑①。女丑有大蟹②。

①“海内”二句：二句间疑有脱文。女丑已见《海外西经》“女丑之尸”条。②大蟹：已见《海内北经》。

大荒之中，有山名曰孽①摇頵羝。上有扶木②，柱三百里，其叶如芥。有谷曰温源谷③。汤谷上有扶木。一日方至，一日方出，皆载于乌④。

①孽(niè)：同“蘖”。　②扶木：即扶桑。参见《海外东经》“汤谷”条注②。　③温源谷：即汤谷。参见《海外东经》“汤谷”条。　④乌：指三足乌，太阳中的神鸟。

有神，人面，犬①耳，兽身，珥两青蛇，名曰奢比尸②。

①犬：当作“大”。　②奢比尸：已见《海外东经》。

有五采之鸟，相乡弃沙①。惟帝俊下友②。帝下两坛，采鸟是司③。

①相乡弃沙：即相向起舞。“弃沙”当为“婆娑”之讹。　②下友：谓下与五采鸟为友。　③司：主持，掌管。

大荒之中，有山名猗天苏门[①]，日月所生[②]。有壎[③]民之国。有綦[④]山。又有摇山。有䰝[⑤]山。又有门户山。又有盛山。又有待山。有五采之鸟。

①猗天苏门：此为第五处记载“日月所出”之山。 ②生：一作“出”。 ③壎：音 xūn。 ④綦：音 qí。 ⑤䰝：音 zèng。

东荒之中，有山名曰壑明俊疾[①]，日月所出。有中容之国[②]。

①壑明俊疾：此为第六处记载“日月所出”之山。 ②中容之国：已见上文。

东北海外，又有三青马、三骓[①]、甘华。爰有遗玉、三青鸟、三骓、视肉、甘华、甘柤，百谷所在。

①骓（zhuī）：毛色苍白相杂的马。

有女和月母之国。有人名曰鳧[①]，北方曰鳧，来之风曰狻[②]，是处东极隅以止日月，使无相间出没，司其短长。

①鳧：音 wǎn。 ②狻：音 yǎn。

应 龙

大荒东北隅中，有山名曰凶犁土丘。应龙[①]处南极，杀蚩尤[②]与夸父，不得复上[③]，故下数旱。旱而为应龙之状，乃得大雨。

①应龙：神名。龙形而有翼。 ②杀蚩尤：蚩尤一说为黄帝所杀。关于杀蚩尤之地，古神话中说法不一：《大荒南经》谓在宋

山，《初学记》卷九引《归藏·启筮》谓在青丘，《周书·尝麦》谓在中冀。
③不得复上：谓应龙遂住在下界。

东海中有流波山，入海七千里。其上有兽，状如牛，苍身而无角，一足，出入水则必风雨，其光如日月，其声如雷，其名曰夔。黄帝得之，以其皮为鼓，橛[①]以雷兽[②]之骨，声闻五百里，以威天下。

夔

①橛：击。　②雷兽：即雷神。参见《海外东经》“雷泽”条。

山海经第十五　大荒南经[①]

南海之外，赤水之西，流沙之东，有兽，左右有首，名曰跊[②]踢。有三青兽相并[③]，名曰双双。有阿山者。

跊 踢

①这一经记述了南边极远地区的地理形势和风土人情。　②跊：音 chù。　③三青兽相并：谓此三青兽一身二头。

双 双

南海之中，有氾天之山，赤水穷[①]焉。赤水之东，有苍梧之野，舜与叔均[②]之所葬也。爰有文贝、离俞[③]、鸱久、鹰、贾[④]、委维[⑤]、熊、罴、象、虎、豹、狼、视肉。

①穷：尽。　②叔均：即商均，舜的儿子。　③离俞：即离朱。参见《海外南经》"狄山"条。　④贾：鹰的一种。一说为乌鸦。　⑤委维：即委蛇，又称延维。《海内经》云："南方有人曰苗民。有神焉，人面蛇身，长如辕，左右有首，衣紫衣，冠旃冠，名曰延维，人主得而飨食之，伯天下。"

有荣山[①]，荣水[②]出焉。黑水之南，有玄蛇，食麈。

①荣山：一作“荥山”。　　②荣水：一作“荥水”。

有巫山[①]者，西有黄鸟。帝药[②]，八斋[③]。黄鸟于巫山，司此玄蛇。

①巫山：疑即下文所载的云雨之山，或即《大荒西经》所载的灵山。②帝药：谓此处有天帝的仙药。　　③八斋：谓有八间屋舍。

大荒之中，有不庭之山，荣水穷焉。有人三身，帝俊妻娥皇，生此三身之国[①]，姚姓，黍食，使四鸟。有渊四方，四隅皆达，北属[②]黑水，南属大荒，北旁名曰少和之渊，南旁名曰从渊，舜之所浴[③]也。又有成山，甘水穷焉。

①“生此”句：谓三身国的国民是帝俊和娥皇的后裔。　　②属：连接。③舜之所浴：谓舜曾在此沐浴。

有季禺之国，颛顼之子，食黍。有羽民之国[①]，其民皆生毛羽。有卵民之国，其民皆生卵。

①羽民之国：已见《海外南经》。

大荒之中，有不姜之山，黑水穷焉。又有贾山，汔[①]水出焉。又有言山。又有登备之山[②]。有恝恝[③]之山。又有蒲山，澧水出焉。又有隗[④]山，其西有丹，其东有玉。又南有山，漂水[⑤]出焉。有尾山。有翠山。

①汔：音 qì。　　②登备之山：即登葆山。参见《海外西经》“巫咸国”条。③恝恝：音 qì qì。　　④隗：音 wěi。　　⑤漂水：一作“溧水”。

有盈民之国，於姓，黍食。又有人方食木叶。有不死之国[①]，阿姓，甘木[2]是食。

①不死之国：即不死民。参见《海外南经》。 ②甘木：即不死树，服食它能使人长生不老。

大荒之中，有山名曰去痓[1]。南极果，北不成，去痓果[2]。

①痓：音 chì。 ②"南极果"三句：不详何意。疑文字有错漏。

南海渚中有神，人面，珥两青蛇，践两赤蛇，曰不廷胡余。有神名曰因因乎，南方曰因乎，夸风曰乎民，处南极以出入风。

有襄山。又有重阴之山。有人食兽，曰季釐[1]。帝俊生季釐，故曰季釐之国。有缗[2]渊。少昊生倍伐，倍伐降处缗渊。有水四方，名曰俊坛。

①季釐（lí）：即《左传・文公十八年》所说的"高辛氏才子八人"中的"季貍"。高辛氏即帝喾。 ②缗：音 mín。

有臷民之国[1]。帝舜生无淫，降臷处，是谓巫臷民。巫臷民肦[2]姓，食谷，不绩不经，服也[3]；不稼不穑，食也[4]。爰有歌舞之鸟，鸾鸟自歌，凤鸟自舞。爰有百兽，相群爰处。百谷所聚。

①臷民之国：即臷国。参见《海外南经》。 ②肦：一作"盼"。 ③"不绩不经"二句：谓不织布却有衣服穿。绩，把麻线分成细缕捻接起来。经，纺织。 ④"不稼不穑"二句：谓不从事农业生产却有东西吃。稼，种植。穑，收获。

大荒之中，有山名曰融天，海水南入焉。

有人曰凿齿，羿杀之[1]。

①《海外南经》中有羿杀凿齿的记载。

有蜮[①]山者，有蜮民之国，桑姓，食黍[②]，射蜮是食。有人方扜[③]弓射黄蛇，名曰蜮人。

①蜮(yù)：相传为一种能含沙射人的动物。《说文》卷十三云："蜮，短狐也，似鳖，三足，以气射害人。"《汉书·五行志》云："蜮在水旁，能射人，射人有处，甚者至死，南方谓之短弧。"又称射工、水弩。《博物志·异虫》载："江南山溪中水射工虫，甲类也，长一二寸，口中有弩形，气射人影，随所著处发疮，不治则杀人。"　②黍：一作"桑"。　③扜(yū)：引，拉。

有宋山者，有赤蛇，名曰育蛇。有木生山上，名曰枫木[①]。枫木，蚩尤所弃其桎梏[②]，是为枫木。有人方齿虎尾，名曰祖[③]状之尸。

①枫木：即枫香树，一种落叶乔木，叶子在秋季变成红色，树脂有香味，可入药。　②"蚩尤"句：郭璞注云："蚩尤为黄帝所得，械而杀之。已摘弃其械，化而为树也。"　③祖：音 zhā。

有小人，名曰焦侥之国[①]，幾姓，嘉谷是食。

①焦侥之国：已见《海外南经》。

大荒之中，有山名死涂之山[①]，青水穷焉。有云雨之山[②]，有木名曰栾。禹攻[③]云雨，有赤石焉生栾，黄本，赤枝，青叶，群帝焉取药。

①死(xiǔ)涂之山：即丑涂之山。参见《西次三经》"昆仑之丘"条注⑱。　②云雨之山：即巫山。宋玉《高唐赋序》谓巫山神女"旦为朝云，暮为行雨"，因此巫山又名云雨山。　③攻：砍伐林木。

有国曰颛顼，生伯服[①]，食黍。有鼬[②]姓之国。有苕山。又有宗山。又有姓山。又有壑山。又有陈州山。又有东州山。又有白水山，白水出焉，而生白渊，昆吾[③]之师[④]所浴也。

①"有国"二句：《世本》云："颛顼生偁，偁字伯服"。疑经文当作"有国曰伯服，颛顼生伯服"。 ②鼬：音 yòu。 ③昆吾：神名。《世本·帝系》云："陆终娶于鬼方氏之妹，谓之女嬇，是生六子，孕二年而不育。剖其左胁，获三人焉；剖其右胁，获三人焉。其一曰樊，是为昆吾。" ④师：军队。

有人曰张弘，在海上捕鱼。海中有张弘之国[①]，食鱼，使四鸟。

①张弘之国：即《海外南经》所载之长臂国。张弘，通"长肱"，即长臂。

有人焉，鸟喙，有翼，方捕鱼于海。

大荒之中，有人名曰驩头[①]。鲧妻士敬，士敬子曰炎融，生驩头。驩头人面鸟喙，有翼，食海中鱼，杖[②]翼而行，维宜芑、苣、穋、杨[③]是食。有驩头之国。

①驩头：即讙头。参见《海外南经》"讙头国"条注①。 ②杖：通"仗"。 ③芑、苣(jù)、穋(lù)、杨：四种植物名。芑，粟的一种，也叫白粱粟。苣，通"秬"，黑黍。穋，播种迟而成熟早的谷物。杨，即杨禾，高粱。

帝尧、帝喾、帝舜葬于岳山[①]。爰有文贝、离俞、鸱久、鹰[②]、延维、视肉、熊、罴、虎、豹、朱木，赤枝，青华，玄实。有申山者。

①岳山：即狄山。已见《海外南经》。 ②"鹰"字下当有"贾"字，此本脱去。

大荒之中，有山名曰天台高山[①]，海水入焉[②]。

①天台高山:《太平御览》卷五〇、卷六〇和《艺文类聚》卷八等引此经无“高山”二字。　②海水入焉:疑当作“海水南入焉”,“南”字误入于下文‘东南海之外’句中。

东南海之外[①],甘水[②]之间,有羲和之国。有女子名曰羲和,方日浴[③]于甘渊。羲和者,帝俊之妻[④],生十日。

①东南海之外:《北堂书钞》卷一四九、《太平御览》卷三引此经无“南”字。“南”字疑由上文“海水南入焉”句误入于此。　②甘水:一作“甘泉”。③日浴:当作“浴日”。　④帝俊之妻:《山海经》所记帝俊之妻有三:一是羲和,即此生十日者;二是常羲,即《大荒西经》所记生十二月者;三是娥皇,即此经前文所记生三身之国者。

有盖犹之山者,其上有甘柤,枝干皆赤,黄叶,白华,黑实。东又有甘华,枝干皆赤,黄叶。有青马。有赤马,名曰三骓。有视肉。

有小人名曰菌人。

有南类之山,爰有遗玉、青马、三骓、视肉、甘华,百谷所在。

山海经第十六 大荒西经[①]

西北海之外，大荒之隅，有山而不合，名曰不周负子[②]，有两黄兽守之。有水曰寒暑之水[③]。水西有湿山，水东有幕山，有禹攻共工国山。

①这一经记述了西边极远地区的地理形势和风土人情。 ②不周负子：《文选·甘泉赋》、《太平御览》卷五九等引此经无“负子”二字，“负子”二字当为衍字。不周，山名。《淮南子·天文》云：“昔者共工与颛顼争为帝，怒而触不周之山，天柱折，地维绝。” ③寒暑之水：因水半冷半热而得名。

有国名曰淑士，颛顼之子。

有神十人，名曰女娲之肠[①]，化为神，处栗广之野，横道而处。

①“有神”二句：谓此十神为女娲之肠所化。“肠”一作“腹”。女娲是神话传说中的人物。相传她和伏羲由兄妹结成夫妻，繁衍人类。又传说她曾用黄土造人，炼五色石补天，断鳌足以支撑四极，平治洪水。

有人名曰石夷[①]，来风曰韦，处西北隅以司日月之长短。

①按全书体例，此句下疑脱“西方曰夷”四字。

有五采之鸟，有冠，名曰狂鸟。

有大泽之长山。有白氏之国[①]。

①白氏之国：当作“白民之国”。白民之国已见《海外西经》。

西北海之外，赤水之东，有长胫之国①。

①长胫之国：即长股之国，已见《海外西经》。

有西周之国，姬姓①，食谷。有人方耕，名曰叔均。帝俊生后稷②，稷降以百谷③。稷之弟曰台玺，生叔均④。叔均是代其父及稷播百谷，始作耕。有赤国妻氏⑤。有双山。

①姬姓：周王姓。传说黄帝居姬水，故以"姬"为姓。又《史记·周本纪》云："封弃于邰，号曰后稷，别姓姬氏。"　②后稷：传说为古代周族的始祖。相传有邰氏之女姜嫄踏上巨人脚迹，心有所感，怀孕而生后稷。后稷长大后善于种植粮食作物，舜时为农官，教民耕种。《诗经》谓后稷只知其母而不知其父。后人附会姜嫄为帝喾之妃，如《大戴礼记·帝系》云："帝喾上妃，有邰氏之女也，曰姜原氏，产后稷。"经文"帝俊生后稷"的"帝俊"当指帝喾。③稷降以百谷：谓后稷从天下降下百谷的种子。相传后稷是最早种植百谷的人，后来成为农业之神。　④"稷之弟"二句：谓叔均是后稷的弟弟台玺的儿子。然据《海内经》云："后稷是播百谷。稷之孙曰叔均，是始作牛耕。"两处记载有所不同。　⑤赤国妻氏：人名。疑即《海内经》所说的大比赤阴。

西海之外，大荒之中，有方山者，上有青树，名曰柜格之松，日月所出入也。

西北海①之外，赤水之西，有先民之国②，食谷，使四鸟。

①西北海：一作"西海"。　②先民之国：当作"天民之国"。

有北狄之国。黄帝之孙曰始均，始均生北狄。

有芒山。有桂山。有榣山，其上有人，号曰太子长琴。颛顼生老童，老童生祝融①，祝融生太子长琴，是处榣山，始作乐风②。

①祝融：见《海外南经》"南方祝融"条注①。　②乐风：歌曲。

有五采鸟三名：一曰皇鸟，一曰鸾鸟，一曰凤鸟。

有虫状如菟①，胸以后者裸不见②，青如猿状。

①菟：通“兔”。 ②“胸以后”句：郭璞注云：“言皮色青，故不见其裸露处。”

大荒之中，有山名曰丰沮玉门①，日月所入。

①丰沮玉门：此为本经所记第一处“日月所入”之山。

有灵山①，巫咸、巫即、巫朌、巫彭、巫姑、巫真、巫礼、巫抵、巫谢、巫罗十巫，从此升降，百药爰在。

①灵山：疑即《大荒南经》所记的巫山或云雨之山。

西有王母之山①、壑山、海山。有沃之国，沃民是处。沃之野，凤鸟之卵是食，甘露是饮。凡其所欲，其味尽存。爰有甘华、甘柤、白柳、视肉、三骓、璇瑰②、瑶碧、白木③、琅玕、白丹、青丹④，多银、铁。鸾凤自歌，凤鸟自舞，爰有百兽，相群是处，是谓沃之野。

①西有王母之山：当作“有西王母之山”。 ②璇瑰：玉石名。 ③白木：木质白色的一种树木。 ④白丹、青丹：白色的美石和青色的美石。

有三青鸟，赤首黑目，一名曰大鵹，一名少鵹，一名曰青鸟。

有轩辕之台，射者不敢西向射①，畏轩辕之台。

①射：此字当为衍字。

大荒之中，有龙山①，日月所入。有三泽水，名曰三淖，昆吾

之所食也。

①龙山：此为本经中所记第二处"日月所入"之山。

有人衣青，以袂[①]蔽面，名曰女丑之尸[②]。

①袂：衣袖。　　②女丑之尸：已见《海外西经》。

有女子之国[①]。

①女子之国：已见《海外西经》。

有桃山。有寅山[①]。有桂山。有于土山。

①寅(méng)山：即上文所说的芒山。

有丈夫之国[①]。

①丈夫之国：已见《海外西经》。

有弇[①]州之山，五采之鸟仰天[②]，名曰鸣鸟[③]。爰有百乐歌儛之风。

①弇：音 yān。　　②仰天：谓张口嘘天。　　③鸣鸟：凤凰一类的鸟。《海内西经》载有孟鸟，即此。

有轩辕之国[①]。江山之南栖[②]为吉。不寿者乃八百岁[③]。

①轩辕之国：已见《海外西经》。　　②栖：指山居。　　③"不寿者"句：谓其国短命的人也能活八百岁。

西海陼[①]中有神，人面鸟身，珥两青蛇，践两赤蛇，名曰弇兹。

①陼(zhǔ)：同“渚”，水中小洲。

大荒之中，有山名日月山，天枢也。吴姖天门[①]，日月所入。有神，人面无臂，两足反属[②]于头山[③]，名曰嘘。颛顼生老童，老童生重及黎[④]，帝令重献上天，令黎邛下地[⑤]，下地是生噎[⑥]，处于西极，以行日月星辰之行次[⑦]。

①吴姖(jù)天门：此为本经中所记第三处“日月所入”之山。 ②属：连接。 ③山：当作“上”。 ④重及黎：人名。《世本》云：“老童娶于根水氏，谓之骄福，产重及黎。”据此，重、黎是两个人。而《大戴礼记·帝系》云：“老童娶于竭水氏之子，谓之高緺氏，产重黎及吴回。”据此，重黎则是一人。 ⑤“帝令”二句：其意不详。袁珂《山海经校注》认为：“献”即举，“邛”即抑；此二句意谓天帝命重举着天，黎压着地。 ⑥“下地”句：此句意思也难明。袁珂《山海经校注》认为：“下地”即“后土”，而谓“黎邛下地”，则黎即后土。“噎”即上文所说的“嘘”，也即《海内经》所载“后土生噎鸣”的“噎鸣”。 ⑦行次：谓日月星辰的度数和止息。

有人反臂，名曰天虞。

有女子方浴月。帝俊妻常羲[①]，生月十有二，此始浴之。

①“帝俊”句：《世本》云：“帝喾下妃娵訾氏之女，曰常仪，是生帝挚。”其中的“帝喾”即帝俊，“常仪”即常羲。常羲后来讹传成“嫦娥”，其身份也由帝喾之妻演变为后羿之妻，民间有嫦娥奔月的神话流传。

有玄丹之山。有五色之鸟，人面有发。爰有青鸾[①]，黄鷔[②]、青鸟、黄鸟[③]，其所集者其国亡。

①青鸾(wén)：一种青色的鸟。 ②黄鷔(áo)：一种黄色的鸟。

③青鸟、黄鸟：此四字疑为误入经文的后人注文。

有池名孟翼之攻颛顼之池[①]。

①孟翼之攻颛顼之池：犹上文之禹攻共工国山，因事而得名。孟翼，当为神名，事迹不详。

大荒之中，有山名曰鏖鏊钜[①]，日月所入者。有兽，左右有首，名曰屏蓬[②]。

①鏖鏊（áo ào）钜：此为本经中所记的第四处“日月所入”之山。

②屏蓬：即《海外西经》中所记载的并封。

有巫山者。有壑山者。有金门之山，有人名曰黄姖之尸。有比翼之鸟。有白鸟，青翼，黄尾，玄喙。有赤犬，名曰天犬，其所下者有兵[①]。

①兵：战争。

西海之南，流沙之滨，赤水之后，黑水之前，有大山名曰昆仑之丘[①]。有神——人面虎身，有文有尾[②]，皆白——处之[③]。其下有弱水[④]之渊环之。其外有炎火之山[⑤]，投物辄然[⑥]。有人，戴胜，虎齿，有豹尾，穴处，名曰西王母[⑦]。此山万物尽有。

①昆仑之丘：已见《西山经·西次三经》和《海内西经》。　②有文有尾：当作“文尾”，两“有”字当为衍字。　③“有神”句：所指即《西山经·西次三经》所记的神陆吾。“人面虎身，有文有尾，皆白”可能是衍入经文的注文。　④弱水：河流名。参见《海内南经》“窫窳”条注②。　⑤炎火之山：郭璞注云：“今去扶南东万里，有耆薄国。东复五千里许，有火山国，其山虽霖雨，火常然。火中有白鼠，时出山边求食，人捕得之，以毛作布，今之火澣

布是也。即此山之类。” ⑥然:通“燃”,燃烧。 ⑦西王母:参见《西山经·西次三经》“玉山”条。

大荒之中,有山名曰常阳之山①,日月所入。

①常阳之山:即《海外西经》所记之常羊之山,为刑天所葬之地。此山为本经中所记第五处“日月所入”之山。

有寒荒之国。有二人女祭、女薎①。

①女祭、女薎(miè):即《海外西经》所记之女祭、女戚,都是女巫。

有寿麻之国。南岳娶州山女,名曰女虔。女虔生季格,季格生寿麻。寿麻正立无景①,疾呼无响②。爰有大暑,不可以往。

①景:通“影”。 ②响:回声。

有人无首,操戈盾立,名曰夏耕之尸。故成汤①伐夏桀于章山,克之,斩耕厥前。耕既立,无首,走厥咎②,乃降于巫山。

①成汤:又称武汤、天乙,商朝的建立者。 ②走厥咎:谓逃避罪责。

有人名曰吴回①,奇左②,是无右臂。

①吴回:神话传说为祝融之弟,也是火神。 ②奇左:意谓只有左臂。奇,单。

有盖山之国。有树,赤皮、支、干,青叶,名曰朱木①。

①朱木:已见《大荒南经》。

有一臂民[①]。

①一臂民：即《海外西经》所记之一臂国国人。

臂民

大荒之中，有山名曰大荒之山[①]，日月所入。有人焉三面[②]，是颛顼之子，三面一臂。三面之人不死，是谓大荒之野。

①大荒之山：此为本经中所记第六处“日月所入”之山。

②三面：谓其头三面各有脸。

三面人

西南海之外，赤水之南，流沙之西，有人珥两青蛇，乘两龙，名曰夏后开[①]。开上三嫔[②]于天，得《九辩》与《九歌》[③]以下。此天穆之野，高二千仞，开焉得始歌《九招》[④]。

①夏后开：即夏启，夏朝的建立者。后，君主。开，因汉代人避汉景帝刘启讳而改。　②嫔：通“宾”，作客。　③《九辩》与《九歌》：传说本为天上仙乐，夏启登天听到后窃归人间。　④《九招》：即《九韶》，乐名，相传为舜时所制。

有互人之国[①]。炎帝[②]之孙名曰灵恝，灵恝生互人，是能上下于天。

①互人之国：即《海内南经》所记之氐人国。“互”当为“氐”之讹字。
②炎帝：传说为上古姜姓部族首领，原居于今陕西岐山一带，后向东扩张，与黄帝发生冲突，被打败。一说即神农氏。

有鱼偏枯，名曰鱼妇[①]。颛顼死即复苏。风道北来[②]，天乃大水泉[3]，蛇乃化为鱼，是为鱼妇。颛顼死即复苏[4]。

①鱼妇：郭璞注云："《淮南子》曰：'后稷龙在建木西，其人死复苏，其中为鱼。'盖谓此也。"袁珂《山海经校注》认为：鱼妇当为颛顼所化，"其所以称为'鱼妇'者，或以其因风起泉涌、蛇化为鱼之机，得鱼与之合体而复苏，半体仍为人躯，半体已化为鱼，故称'鱼妇'也。"　②风道北来：意谓风从北来。道，从，经。　③天乃大水泉：意谓泉水遇风暴溢出。　④"颛顼"句：此句与上文重复，可能是衍文。

鸀　鸟

有青鸟，身黄，赤足，六首，名曰鸀鸟[1]。

①鸀(chù)鸟：疑即《海内西经》所记之树鸟。

有大巫山。有金之山。

西南大荒之中隅，有偏句、常羊之山。

山海经第十七　大荒北经[①]

东北海之外，大荒之中，河水之间，附禺之山[②]，帝颛顼与九嫔葬焉。爰有鸱久、文贝、离俞、鸾鸟、皇鸟[③]、大物、小物[④]。有青鸟、琅鸟[⑤]、玄鸟、黄鸟、虎、豹、熊、罴、黄蛇、视肉、璿瑰[⑥]、瑶碧，皆出卫于山[⑦]。丘方圆三百里，丘南帝俊竹林在焉，大可为舟[⑧]。竹南有赤泽水，名曰封渊。有三桑无枝[⑨]。丘西有沈渊，颛顼所浴。

①这一经记述了北边极远地区的地理形势和风土人情。　②附禺之山：即《海外北经》所记之务隅之山、《海内东经》所记之鲋鱼之山。　③皇鸟：一作“凤鸟”。　④大物、小物：都是殉葬品，不详何物。　⑤琅鸟：不详何鸟。　⑥璿（xuán）瑰：即璇瑰。参见《大荒西经》“西有王母之山”条注②。　⑦出卫于山：当作“出于山”。“卫”字当与下句相连，作“出于山。卫丘方圆三百里”。　⑧大可为舟：意谓竹子很大，可以造船。　⑨有三桑无枝：郭璞注云：“皆高百仞。”王念孙认为“皆高百仞”四字是误入注文的经文。

有胡不与之国，烈姓，黍食。

大荒之中，有山名曰不咸。有肃慎氏之国[①]。有蜚蛭，四翼。有虫，兽首蛇身，名曰琴虫。

①肃慎氏之国：即《海外西经》所记之肃慎国。郭璞注云：“今肃慎国去辽东三千馀里，穴居，无衣，衣猪皮，冬以膏涂体，厚数分，用却风寒。其人皆工射，弓长四尺，劲强。箭以楛为之，长尺五寸，青石为镝，此春秋时隼集陈侯之庭所得矢也。”

有人名曰大人。有大人之国[①]，釐姓[②]，黍食。有大青蛇，黄头，食麈。

①大人之国：已见《海外东经》及《大荒东经》。　②釐（xī）姓：《国语》谓黄帝的儿子有姓僖的，“僖”、“釐”两字古代通用。此大人之国的国人当为黄帝后裔。

有榆山。有鲧攻程州之山[①]。

①鲧攻程州之山：犹禹攻共工国山之类，因事而得名。程州，国名。

大荒之中，有山名曰衡天。有先民之山。有槃木[①]千里。

①槃（pán）木：枝干盘曲的树木。

有叔歜[①]国。颛顼之子，黍食，使四鸟：虎、豹、熊、罴。有黑虫如熊状，名曰猎猎[②]。

①歜：音 zàn 或 chù。　②猎猎：音 xī xī。

有北齐之国，姜姓[①]，使虎、豹、熊、罴。

①姜姓：相传炎帝为上古姜姓部族首领，此国国民当为炎帝之后裔。

大荒之中，有山名曰先槛大逢之山[①]，河济所入，海北注焉。其西有山，名曰禹所积石[②]。

①先槛大逢之山：一作“光槛大逢之山”。　②禹所积石：山名。已见《海外北经》。

有阳山者。有顺山者，顺水出焉。有始州之国。有丹山。有大泽方千里，群鸟所解[①]。

①解：脱落羽毛。

有毛民之国[①]，依姓[②]，食黍，使四鸟。禹生均国，均国生役采[③]，役采生修鞈[④]，修鞈杀绰人[⑤]。帝念之，潜为之国[⑥]，是此毛民。

①毛民之国：已见《海外东经》。　②依姓：《国语》谓黄帝的儿子中有姓依的，此国之国民当为黄帝后裔。　③役采：一作“役来”。　④修鞈(gé)：一作“循鞈”。　⑤绰人：人名。　⑥潜为之国：暗地里帮他立国。潜，暗中。

有儋耳之国[①]，任姓[②]，禺号[③]子，食谷。北海之渚中有神，人面鸟身，珥两青蛇，践两赤蛇，名曰禺彊[④]。

①儋(dān)耳之国：因其国之人耳大下垂而得名。儋，下垂。　②任姓：《国语》谓黄帝的儿子中有姓任的，此国之国民当为黄帝后裔。　③禺号：即禺猇。参见《大荒东经》“东海之渚中”条。　④禺彊：已见《海外北经》。

大荒之中，有山名曰北极天柜[①]，海水北注焉。有神九首，人面鸟身，名曰九凤。又有神衔蛇操蛇，其状虎首人身，四蹄长肘，名曰彊良。

①柜：一作“樻(kuì)”。

九　凤

大荒之中，有山名曰成都载天。有人

彊 良

珥两黄蛇，把两黄蛇，名曰夸父。后土①生信，信生夸父。夸父不量力，欲追日景②，逮之于禺谷③。将饮河而不足也，将走大泽，未至，死于此④。应龙已杀蚩尤，又杀夸父⑤，乃去南方处之，故南方多雨。

①后土：据《左传·昭公十九年》载，后土即共工氏之子句龙。 ②日景：日影。景，同"影"。 ③禺谷：即禺渊，为日落之所。 ④有关夸父逐日的神话，已见《海外北经》。 ⑤有关应龙杀夸父的神话，已见《大荒东经》。此节记夸父逐日而死，而又称为应龙所杀，可见古代有关夸父的神话传说很多。

又有无肠之国①，是任姓，无继子②，食鱼。

①无肠之国：已见《海外北经》。 ②无继子：谓其国人是无继国国人的后裔。无继，即《海外北经》所记之无膂国。

共工之臣名曰相繇①，九首蛇身，自环②，食于九土③。其所歍所尼④，即为源泽，不辛⑤乃苦，百兽莫能处。禹湮⑥洪水，杀相繇，其血腥臭，不可生谷，其地多水，不可居也。禹湮之，三仞三沮，乃以为池，群帝因是以为台，在昆仑之北⑦。

①相繇（yóu）：即相柳。禹杀相柳的神话已见《海外北经》。 ②自环：谓其身体盘成一团。环，绕。 ③土：一作"山"。 ④所歍（wū）所尼：即呕吐所及处。歍，呕吐。尼，止。 ⑤辛：辣。 ⑥湮：填，堵塞。 ⑦在昆仑之北：《海内北经》谓在昆仑东北。

有岳之山，寻竹①生焉。

①寻竹:高大的竹子。

大荒之中,有山名不句,海水入焉①。

①海水入焉:一作“海水北入焉”。

有系昆之山者,有共工之台①,射者不敢北乡②。有人衣青衣,名曰黄帝女魃③。蚩尤作兵④伐黄帝,黄帝乃令应龙攻之冀州之野。应龙畜水,蚩尤请风伯雨师,纵大风雨。黄帝乃下天女曰魃,雨止,遂杀蚩尤。魃不得复上,所居不雨。叔均言之帝,后置之赤水之北。叔均乃为田祖。魃时亡⑤之。所欲逐之者,令曰:“神北行!”先除水道,决通沟渎⑥。

①共工之台:已见《海外北经》。　②乡:通“向”。　③黄帝女魃(bá):即旱魃,传说中的旱神。　④作兵:兴兵,发动战争。　⑤亡:逃跑。　⑥渎:沟渠。

有人方食鱼,名曰深目民之国①,盼姓②,食鱼。

①深目民之国:即深目国,已见《海外北经》。　②盼(fēn)姓:郭璞注云:“亦胡类,但眼绝深,黄帝时姓也。”

有钟山者。有女子衣青衣,名曰赤水女子献①。

①赤水女子献:神名。吴承志《山海经地理今释》认为:“献”当作“魃”。上文谓有衣青衣者名曰黄帝女魃,后被置之赤水之北,则此赤水女子魃即黄帝女魃也。

大荒之中,有山名曰融父山,顺水入焉。有人名曰犬戎。黄帝生苗龙,苗龙生融吾,融吾生弄明①,弄明生白犬,白犬有牝牡[2]，是为犬戎，肉食。有赤兽，马状无首，名曰戎宣王尸。

①弄明：又作“卞明”、“并明”。　②白犬有牝牡：一作“白犬有二牝牡”。

有山名曰齐州之山、君山、鬵[1]山、鲜野山、鱼山。

①鬵：音 qín。

有人一目[1]，当面中生，一曰是威姓，少昊之子，食黍。

①有人一目：即《海外北经》所记之一目国国人。

有继无[1]民，继无民任姓，无骨子[2]，食气、鱼。

①继无：当作“无继”。下同。　②无骨子：谓其人是无骨国国人的后裔。无骨国即《海外北经》所记之柔利国，也即下文所记之牛黎之国。

西北海外，流沙之东，有国曰中辐[1]，颛顼之子，食黍。

①辐(biàn)：一作“轮”。

有国名曰赖丘。有犬戎国[1]。有神[2]，人面兽身，名曰犬戎。

①犬戎国：已见《海内北经》。　②神：一作“人”。

西北海外，黑水之北，有人有翼，名曰苗民[1]。颛顼生驩头，驩头生苗民，苗民釐姓，食肉。有山名曰章山。

①苗民：即三苗国之民。三苗国已见《海外南经》。

大荒之中，有衡石山、九阴山、泂野之山①，上有赤树，青叶赤华，名曰若木②。

①泂(jiǒng)野之山：一作“灰野之山”。　②若木：郭璞注云：“生昆仑西，附西极，其华光赤下照地。”郝懿行《山海经笺疏》认为郭注当为经文，而今本误入注文中。

有牛黎之国①。有人无骨，儋耳之子。

①牛黎之国：即《海外北经》所记之柔利国。

西北海之外，赤水之北，有章尾山①。有神，人面蛇身而赤②，直目正乘③，其瞑④乃晦，其视乃明，不食不寝不息，风雨是谒⑤。是烛九阴，是谓烛龙⑥。

①章尾山：即《海外北经》所记之钟山。　②“人面”句：郭璞注云：“身长千里。”王念孙认为此四字是误入注文的经文。　③乘：通“朕(zhèn)”，眼珠。　④瞑：一作“眠”。　⑤风雨是谒：以风雨为食。谒，通“噎”。　⑥烛龙：即《海外北经》所记之烛阴。

山海经第十八　海内经①

东海之内，北海之隅，有国名曰朝鲜②、天毒③，其人水居，偎人爱之④。

①这一经记述了四海之内的地理形势和风土人情。　②朝鲜：已见《海内北经》。　③天毒：不详何地。　④偎人爱之：当作"偎人爱人"。偎，亲近，亲爱。

西海之内，流沙之中，有国名曰壑市。

西海之内，流沙之西，有国名曰氾叶。

流沙之西，有鸟山者，三水出焉。爰有黄金、璿瑰、丹货①、银、铁，皆流于此中。又有淮山，好水出焉。

①丹货：丹砂一类的矿物。

流沙之东，黑水之西，有朝云之国、司彘之国。黄帝妻雷祖，生昌意①，昌意降处若水②，生韩流。韩流擢首③、谨耳④、人面、豕喙、麟身、渠股⑤、豚止⑥，取淖子曰阿女，生帝颛顼⑦。

①"黄帝妻"二句：郭璞注引《世本》云："黄帝娶于西陵氏之子，谓之累祖，产青阳及昌意。"雷祖，即累祖，又称嫘祖。　②降处若水：谓自天而降，居于若水。　③擢首：谓头颈很长。　④谨耳：谓耳朵很小。　⑤渠股：骿股，即罗圈腿。　⑥豚止：谓长着像猪脚一样的脚。止，足，脚。⑦"取淖子"二句：郭璞注引《世本》云："颛顼母浊山氏之子，名昌仆。"又《大戴礼记·帝系》云："昌意娶于蜀山氏之子，谓之昌仆氏，产颛顼。""蜀"字古通

“浊”，又通“淖”。淖子即谓浊山氏的女儿。

流沙之东，黑水之间，有山名不死之山。

华山青水之东，有山名曰肇山，有人名曰柏高[1]，柏高上下于此，至于天。

①柏高：当作“柏子高”。柏子高，传说中的仙人。

西南黑水之间，有都广之野[1]，后稷葬焉。爰有膏菽、膏稻、膏黍、膏稷[2]，百谷自生，冬夏播琴[3]。鸾鸟自歌，凤鸟自儛，灵寿[4]实华，草木所聚[5]。爰有百兽，相群爰处。此草[6]也，冬夏不死。

①都广之野：在今四川双流一带。　②“爰有”句：谓此处出产的粮食营养丰富，口感好。　③播琴：播种。楚地方言中“种”字与“琴”字发音相近。　④灵寿：树木名。即椐树。参见《北山经》“虢山”条注②。　⑤聚：丛生。　⑥此草：即此地之草。

南海之外[1]，黑水青水之间，有木名曰若木[2]，若水出焉。

①外：当作“内”。　②若木：已见《大荒北经》。

有禺中之国。有列襄之国。有灵山[1]，有赤蛇在木上，名曰蝡[2]蛇，木食[3]。

①灵山：已见《大荒西经》。　②蝡：音 ruǎn。　③木食：谓以树木为食物。

有盐长之国[1]。有人焉鸟首，名曰鸟氏[2]。

①盐长之国:一作“监长之国”。 ②鸟氏:一作“鸟民”。

有九丘,以水络[①]之,名曰陶唐[②]之丘、有叔得之丘、孟盈之丘、昆吾之丘[③]、黑白之丘、赤望之丘、参卫之丘、武夫之丘[④]、神民之丘。

①络:缠绕。 ②陶唐:尧的号。 ③昆吾之丘:已见《中山经·中次二经》。 ④武夫之丘:因山多武夫石而得名。武夫石,一种似玉的美石。

有木,青叶紫茎,玄华黄实,名曰建木[①],百仞无枝,有九欘[②],下有九枸[③],其实如麻,其叶如芒[④]。大暤爰过[⑤],黄帝所为。

①建木:已见《海内南经》。 ②欘(zhú):树枝弯曲。 ③枸(gōu):树根盘错。 ④芒:即芒草。参见《中山经·中次二经》“葌山”条。 ⑤大暤(hào)爰过:谓大暤通过此树上下天庭。大暤,即太昊,又称太暤、太皓,传说中的古代东夷族首领。一说即伏羲氏。

有窫窳[①],龙首,是食人。有青[②]兽,人面,名曰猩猩。

①窫窳:已见《海内南经》。 ②青:此字当为衍字。

西南有巴国[①]。大暤生咸鸟,咸鸟生乘釐,乘釐生后照,后照是始为巴人。

①巴国:古国名。在今四川、重庆东部和湖北西部一带。相传周以前居武落钟离山(今湖北长阳西北)一带,后向四川和重庆东部扩展。春秋时与楚、邓等国有交往。

有国名曰流黄辛氏[①]，其域中方三百里，其出是尘土[②]。有巴遂山，渑水出焉。

①流黄辛氏：即流黄酆氏之国，已见《海内南经》。　②其出是尘土：谓其地出产麈。“尘土”当为“麈”之讹，一字误为两字。

又有朱卷之国。有黑蛇，青首，食象。

南方有赣巨人[①]，人面长臂[②]，黑身有毛，反踵，见人笑亦笑，脣蔽其面，因即逃也。

①赣巨人：即枭阳，已见《海内南经》。　②臂：当作“脣”。

又有黑人，虎首鸟足，两手持蛇，方啗[①]之。

①啗(dàn)：同“啖”，吃。

有嬴民，鸟足。有封豕[①]。

①封豕：当为“王亥”之误。王亥，已见《大荒东经》。

有人曰苗民。有神焉，人首蛇身，长如辕[①]，左右有首，衣紫衣，冠旃冠[②]，名曰延维[③]，人主得而飨食之，伯[④]天下。

①辕：车轴之上伸出车舆的直木或曲木。　②冠旃(zhān)冠：谓戴着毡制的帽子。旃，通“毡”。　③延维：即《大荒南经》所记之委维。　④伯：通“霸”，称霸。

有鸾鸟自歌，凤鸟自舞。凤鸟首文曰德，翼文曰顺，膺文曰仁，背文曰义，见则天下和。又有青兽如菟[①]，名曰菌狗[②]。有翠鸟[③]。有孔鸟[④]。

①菟：通“兔”。　②菌(jùn)狗：一种体形短小的狗。　③翠鸟：一种似燕的鸟。赤色雄性的称翡，青色雌性的称翠。　④孔鸟：指孔雀。

南海之内有衡山[①]。有菌山。有桂山[②]。有山名三天子之都[③]。

①衡山：古代称南岳，又名虎山、岣嵝山，在今湖南衡山西境。　②“有菌山”二句：郭璞注云：“或云衡山有菌桂。”则此二句一作“有菌桂”。菌桂，一种草，圆似竹。　③三天子之都：一作“三天子之鄣山”。三天子鄣山已见《海内南经》。

南方苍梧之丘，苍梧之渊，其中有九嶷山[①]，舜之所葬，在长沙零陵[②]界中。

①九嶷山：参见《海内南经》“苍梧之山”条注①。　②长沙零陵：古地名。秦时长沙郡辖今湖南东部、南部和广西、广东北部一带，零陵为属下一县。西汉时长沙改郡为国，辖境缩小，其南部分出，置零陵郡。

北海之内，有蛇山者，蛇水出焉，东入于海。有五采之鸟，飞蔽一乡，名曰翳鸟。又有不距之山，巧倕[①]葬其西。

①巧倕(chuí)：人名。古代传说中的巧匠。其生活年代传说不一，一说为尧时人，一说为黄帝时人，一说为舜的孙子。

北海之内，有反缚盗械[①]、带戈常倍[②]之佐，名曰相顾之尸。

①盗械：谓因犯罪而被戴上刑具。　②倍：通“背”。

伯夷父[①]生西岳，西岳生先龙，先龙是始生氐羌[②]，氐羌乞姓。

①伯夷父：相传为颛顼之师。　②氐（dī）羌：古代民族名。氐在商、周、秦、汉时分布在今陕西、甘肃、四川一带。羌主要分布在今甘肃、青海、四川一带。一说氐羌指氐地之羌。

北海之内，有山名曰幽都之山，黑水出焉。其上有玄鸟、玄蛇、玄豹、玄虎、玄狐，蓬尾[①]。有大玄之山。有玄丘之民。有大幽之国。有赤胫之民。

①蓬尾：指玄狐的尾部蓬松分开。

有钉灵之国[①]，其民从膝已下有毛，马蹄善走。

①钉灵之国：古国名。钉灵，又称丁令、丁零，秦汉时为匈奴属国。

钉灵国

炎帝之孙伯陵，伯陵同[①]吴权之妻阿女缘妇，缘妇孕三年，是生鼓、延、殳[②]。始为侯[③]，鼓、延是始为钟，为乐风。

①同：通“通”，私通。　②殳：音 shū。　③始为侯：谓创制箭靶。侯，箭靶。“始”上疑脱“殳”字。

黄帝生骆明，骆明生白马，白马是为鲧[①]。

①鲧（gǔn）：传说中的原始部落首领，颛顼之子，大禹之父。据说他曾奉尧命治水，后因治水不成为舜所杀。

帝俊生禺号[①],禺号生淫梁[②],淫梁生番禺,是始为舟。番禺生奚仲,奚仲生吉光,吉光是始以木为车。

①帝俊生禺号:《大荒东经》云:“黄帝生禺䝞。”禺䝞即禺号;则此处帝俊指黄帝。　②淫梁:即禺京。

少皞生般[①],般是始为弓矢。

①般:音 bān。

帝俊赐羿彤弓[①]素矰[②],以扶下国,羿是始去恤[③]下地之百艰[④]。

①彤弓:红色的弓。　②素矰(zēng):尾部用白色羽毛装饰的箭。矰,矢,箭。　③恤:解救。　④艰:困苦。

帝俊生晏龙,晏龙是为琴瑟。

帝俊有子八人,是始为歌舞[①]。

①“帝俊”二句:一作“帝俊八子,是始为歌”。

帝俊生三身[①],三身生义均[②],义均是始为巧倕,是始作下民百巧[③]。后稷是播百谷。稷之孙曰叔均[④],始作牛耕。大比赤阴[⑤],是始为国。禹鲧是始布土[⑥],均定九州。

①帝俊生三身:参见《大荒东经》“不庭之山”条。　②义均:指《大荒南经》所记与舜同葬苍梧的舜的儿子叔均,也即商均。　③百巧:指耒、耜等农具。　④叔均:与上文的义均不是同一人。义均也称叔均,与此稷之孙叔均为同名。这也可能是神话传说的变异。　⑤大比赤阴:即《大荒西经》所记的赤国妻氏。　⑥布土:区分规划疆土。

炎帝之妻、赤水之子听訞生炎居，炎居生节并，节并生戏器，戏器生祝融①。祝融降处于江水，生共工，共工生术器，术器首方颠②，是复土穰③，以处江水。共工生后土，后土生噎鸣，噎鸣生岁十有二④。

①戏器生祝融：《大荒西经》云："颛顼生老童，老童生祝融。"与此处记载不同。　②首方颠：谓头顶平。　③穰：通"壤"。　④"噎鸣"句：谓噎鸣系其母怀孕十二年所生。

洪水滔天。鲧窃帝之息壤①以堙洪水，不待帝命。帝令祝融杀鲧于羽郊②。鲧复生禹③，帝乃命禹卒布土以定九州。

①息壤：神话传说中一种能自己生长，不会耗减的土壤。　②羽郊：指羽山之郊。羽山已见《南山经·南次二经》。　③鲧复生禹：郭璞注云："《开筮》曰：'鲧死三岁不腐，剖之以吴刀，化为黄龙。'"则禹系鲧死后剖腹而生。复，通"腹"。

附录

上《山海经》表

（汉）刘秀

侍中奉车都尉光禄大夫臣秀领校、秘书言校、秘书太常属臣望所校《山海经》，凡三十二篇，今定为一十八篇，已定。《山海经》者，出于唐虞之际。昔洪水洋溢，漫衍中国，民人失据，崎岖于丘陵，巢于树木。鲧既无功，而帝尧使禹继之。禹乘四载，随山刊木，定高山大川。益与伯翳主驱禽兽，命山川，类草木，别水土。四岳佐之，以周四方，逮人迹之所希至，及舟舆之所罕到。内别五方之山，外分八方之海，纪其珍宝奇物，异方之所生，水土、草木、禽兽、昆虫、麟凤之所止，祯祥之所隐，及四海之外，绝域之国，殊类之人。禹别九州，任土作贡；而益等类物善恶，著《山海经》：皆圣贤之遗事，古文之著明者也。其事质明有信。孝武皇帝时尝有献异鸟者，食之百物，所不肯食。东方朔见之，言其鸟名，又言其所当食，如朔言。问朔何以知之，即《山海经》所出也。孝宣皇帝时，击磻石于上郡，陷得石室，其中有反缚盗械人。时臣秀父向为谏议大夫，言此贰负之臣也。诏问何以知之，亦以《山海经》对。其文曰："贰负杀窫窳，帝乃梏之疏属之山，桎其右足，反缚两手。"上大惊。朝士由是多奇《山海经》者，文学大儒皆读学，以为奇可以考祯祥变怪之物，见远国异人之谣俗。故《易》曰："言天下之至赜而不可乱也。"博物之君子，其可不惑焉。臣秀昧死谨上。

注《山海经》叙

(晋)郭璞

世之览《山海经》者,皆以其闳诞迂夸,多奇怪俶傥之言,莫不疑焉。尝试论之曰:庄生有云:“人之所知,莫若其所不知。”吾于《山海经》见之矣。夫以宇宙之廖廓,群生之纷纭,阴阳之煦蒸,万殊之区分,精气浑淆,自相渍薄,游魂灵怪,触象而构,流形于山川,丽状于木石者,恶可胜言乎?然则总其所以乖,鼓之于一响;成其所以变,混之于一象。世之所谓异,未知其所以异;世之所谓不异,未知其所以不异。何者?物不自异,待我而后异,异果在我,非物异也。故胡人见布而疑黂,越人见罽而骇毳。夫翫所习见而奇所希闻,此人情之常蔽也。今略举可以明之者。阳火出于冰水,阴鼠生于炎山,而俗之论者莫之或怪;及谈《山海经》所载,而咸怪之:是不怪所可怪而怪所不可怪也。不怪所可怪,则几于无怪矣;怪所不可怪,则未始有可怪也。夫能然所不可,不可所不可然,则理无不然矣。案汲郡《竹书》及《穆天子传》,穆王西征见西王母,执璧帛之好,献锦组之属。穆王享王母于瑶池之上,赋诗往来,辞义可观。遂袭昆仑之丘,游轩辕之宫,眺钟山之岭,玩帝者之宝,勒石王母之山,纪迹玄圃之上。乃取其嘉木艳草、奇鸟怪兽、玉石珍瑰之器,金膏烛银之宝,归而殖养之于中国。穆王驾八骏之乘,右服盗骊,左骖騄耳,造父为御,犇戎为右,万里长骛,以周历四荒,名山大川,靡不登济。东升大人之堂,西燕王母之庐,南轹鼋鼍之梁,北蹑积羽之衢,穷欢极娱,然后旋归。案《史记》说穆王得盗骊、騄耳、骅骝之骥,使造父御之,以西巡狩,见西王母,乐而忘归,亦与《竹书》同。《左传》曰:“穆王欲肆其心,使天下皆有车辙马迹焉。”《竹书》所载,则是其事也。而谯周之徒,足为通识瑰儒,而雅不平此,验之《史考》,以著其妄。司马迁叙《大宛传》亦云:“自张骞使大夏之后,穷河源,恶睹所谓昆仑者乎？至《禹本纪》《山海经》所有怪物，余不敢言也。”不亦悲乎！若《竹书》不潜出于千载，以作征于今日者，则《山海》之言，其几乎废矣。若乃东方生晓毕方之名，刘子政辨盗械之尸，王颀访两面之客，海民获长臂之衣，精验潜效，绝代县符。於戏！群惑者其可以少寤乎？是故圣皇原化以极变，象物以应怪，鉴无滞赜，曲尽幽情，神焉廋哉！神焉廋哉！盖此书跨世七代，历载三千，虽暂显于汉，而寻亦寝废。其山川名号，所在多有舛谬，与今不同；师训莫传，遂将湮泯。道之所存，俗之所丧，悲夫！余有惧焉，故为之创传，疏其壅阂，辟其茀芜，领其玄致，标其洞涉，庶几令逸文不坠于世，奇言不绝于今，夏后之迹靡刊于将来，八荒之事有闻于后裔，不亦可乎！夫蘙荟之翔，叵以论垂天之凌；蹄涔之游，无以知绛虬之腾。钧天之庭，岂伶人之所蹑？无航之津，岂苍兕之所涉？非天下之至通，难与言《山海》之义矣。呜呼！达观博物之客，其鉴之哉！

《山海经笺疏》叙

(清)郝懿行

《山海经》古本三十二篇，刘子骏校定为一十八篇，即郭景纯所传是也。今考《南山经》三篇，《西山经》四篇，《北山经》三篇，《东山经》四篇，《中山经》十二篇，并《海外经》四篇，《海内经》四篇，除《大荒经》以下不数，已得三十四篇，则与古经三十二篇之目不符也。《隋书·经籍志》《山海经》二十三卷。《旧唐书》十八卷，又《图赞》二卷，《音》二卷，并郭璞撰；此则十八卷又加四卷，才二十二卷，复与《经籍志》二十三卷之目不符也。《汉书·艺文志》《山海经》十三篇，在形法家，不言有十八篇。所谓十八篇者，《南山经》至《中山经》本二十六篇，合为《五臧山经》五篇，加《海外经》已下八篇，及《大荒经》已下五篇，为十八篇也。所谓十三篇者，去《荒经》已下五篇，正得十三篇也。古本此五篇皆在外，与经别行，为释经之外篇。及郭作传，据刘氏定本，复为十八篇，即又与《艺文志》十三篇之目不符也。郦善长注《水经》云："《山海经》埋缊岁久，编韦稀绝，书策落次，难以缉缀，后人假合，多差远意。"然则古经残简，非复完篇，殆自昔而然矣。《艺文志》不言此经谁作。刘子骏《表》云出于唐虞之际，以为禹别九州，任土作贡，而益等类物善恶，著《山海经》。王仲任《论衡》、赵长君《吴越春秋》亦称禹、益所作。《颜氏家训·书证》篇云："《山海经》，禹、益所记。而有长沙、零陵、桂阳、诸暨，由后人所羼，非本文也。"今考《海外南经》之篇，而有说文王葬所；《海外西经》之篇，而有说夏后启事。夫经称夏后，明非禹书；篇有文王，又疑周简：是亦后人所羼也。至于郡县之名，起自周代。《周书·作雒》篇云："为方千里，分以百县，县有四郡。"《春秋·哀公二年》《左传》云："克敌者上大夫受县，下大夫受郡。"杜元凯注云："县百里，郡五十里。"今考《南次二经》云"县多土功"、"县多放士"，又云"郡县大水"、

"县有大繇",是又后人所羼也。《大戴礼记·五帝德》篇云:"使禹敷土,主名山川。"《尔雅》亦云:"从《释地》已下至九河,皆禹所名也。"观《禹贡》一书,足觇梗概。因知《五臧山经》五篇,主于纪道里,说山川,真为禹书无疑矣。而《中次三经》说青要之山云:"南望墠渚,禹父之所化。"《中次十二经》说天下名山,首引"禹曰"。一则称禹父,再则述禹言,亦知此语,必皆后人所羼矣。然以此类致疑本经,则非也。何以明之?《周官》大司徒以天下土地之图,周知九州之地域,广轮之数。土训掌道地图,道地慝。《夏官》职方亦掌天下地图。山师、川师掌山林川泽,致其珍异。原师辨其丘陵、坟衍、原隰之名物。《秋官》复有冥氏、庶氏、穴氏、翨氏、柞氏、薙氏之属,掌攻夭鸟、猛兽、虫豸、草木之怪蠥。《左传》称禹铸鼎象物而为之备,使民知神奸,民入山林川泽,禁御不若,螭魅魍魉,莫能逢旃。《周官》《左氏》所述即与此经义合。禹作司空,洒沈澹灾,烧不暇撌,濡不给扢,身执虆垂,以为民先。爰有《禹贡》,复著此经。寻山脉川,周览无垠,中述怪变,俾民不眩。美哉禹功,明德远矣,自非神圣,孰能修之!而后之读者,类以夷坚所志,方诸《齐谐》,不亦悲乎!古之为书,有图有说;《周官》地图,各有掌故,是其证已。《后汉书·王景传》云:"赐景《山海经》《河渠书》《禹贡图》。"是汉世《禹贡》尚有图也。郭注此经而云:"图亦作牛形。"又云:"在畏兽画中。"陶征士读是经诗亦云:"流观《山海图》。"是晋代此经尚有图也。《中兴书目》云:"《山海经图》十卷,本梁张僧繇画,咸平二年校理舒雅重绘为十卷,每卷中先类所画名,凡二百四十七种。"是其图画已异郭、陶所见。今所见图复与繇、雅有异,良不足据。然郭所见图,即已非古,古图当有山川道里。今考郭所标出,但有畏兽仙人,而于山川脉络,即不能案图会意,是知郭亦未见古图也。今《禹贡》及《山海图》遂绝迹,不复可得。《禹贡》虽无图,其书说要为有师法,而此经师训莫传,遂将湮泯。郭作传后,读家稀绝,途径榛芜,迄于今日,脱乱淆讹,益复难读。又郭注《南山经》两引"璨曰",其注《南荒经》"昆吾之师"又引《音义》云云,是必郭已前音训注解人,惜其姓字爵里与时代俱湮,良可于邑。今世名家则有吴氏、毕氏。吴征引极博,泛滥于群书;毕山水方滋,取证于耳目。二书于此经,厥功伟矣。至于辨析异同,刊正讹

谬,盖犹未暇以详。今之所述,并采二家所长,作为《笺疏》。笺以补注,疏以证经。卷如其旧,别为《订讹》一卷,附于篇末。计创通大义百馀事,是正讹文三百馀事,凡所指擿,虽颇有依据,仍用旧文,因而无改,盖放郑君康成注经不敢改字之例云。嘉庆九年甲子二月廿八日栖霞郝懿行撰。

《山海经图》赞

（晋）郭璞

南 山 经

桂

桂生南裔，枝华岑岭。广莫熙葩，凌霜津颖。气王百药，森然云挺。

迷榖

爰有奇树，产自招摇。厥华流光，上映垂霄。佩之不惑，潜有灵标。

狌狌

狌狌似猴，走立行伏。櫰木挺力，少辛明目。飞廉迅足，岂食斯肉？

水玉

水玉沐浴，潜映洞渊。赤松是服，灵蜕乘烟。吐纳六气，升降九天。

白猿

白猿肆巧，由基抚弓。应眄而号，神有先中。数如循环，其妙无穷。

鹿蜀

鹿蜀之兽，马质虎文。骧首吟鸣，矫足腾群。

佩其皮毛，子孙如云。

鯥

鱼号曰鯥，处不在水。厥状如牛，鸟翼蛇尾。随时隐见，倚乎生死。

类

类之为兽，一体兼二，近取诸身，用不假器。窈窕是佩，不知妒忌。

猼訑

猼訑似羊，眼反在背。视之则奇，推之无怪。若欲不恐，厥皮可佩。

祝荼草

祝荼嘉草，食之不饥。鸟首蚖尾，其名旋龟。鵸䳜六足，三翅并翚。

灌灌鸟、赤鱬

厥声如呵，厥形如鸠。佩之辨惑，出自青丘。赤鱬之状，鱼身人头。

鴸鸟

彗星横天，鲸鱼死浪。鴸鸣于邑，贤士见放。厥理至微，言之无况。

猾褢

猾褢之兽，见则兴役。膺政而出，匪乱不适。天下有道，幽形匿迹。

长右、彘

长右四耳，厥状如猴。实为水祥，见则横流。彘虎其身，厥尾如牛。

会稽山

禹徂会稽，爰朝群臣。不虔是讨，乃戮长人。玉赣表夏，玄石勒秦。

患

有兽无口，其名曰患。害气不入，厥体无间。至理之尽，出乎自然。

犀

犀头似猪，形兼牛质。角则并三，分身互出。鼓鼻生风，壮气隘溢。

兕

兕推状兽，似牛青黑。力无不倾，自焚以革。皮充武备，角助文德。

象

象实魁梧，体巨貌诡。肉兼十牛，目不逾豕。望头如尾，动若丘徙。

纂雕、瞿如鸟、虎蛟

纂雕有角，声若儿号。瞿如三手，厥状似鸡。鱼身蛇尾，是谓虎蛟。

凤

凤皇灵鸟，实冠羽群。八象□体，五德其文。

羽翼来仪，应我圣君。

育隧谷

育隧之谷，爰含凯风。青阳既谢，气应祝融。炎雰是扇，以散郁隆。

鲑鱼、鵸鸟

鵸鸟栖林，鲑鱼处渊。俱为旱征，实延普天。测之无象，厥数推玄。

白䓘

白䓘睾苏，其汁如饴。食之辟谷，味有馀滋。逍遥忘劳，穷生尽期。

西 山 经

羬羊

月氏之羊，其类在野。厥高六尺，尾亦如马。何以审之？事见《尔雅》。

太华山

华岳灵峻，削成四方。爰有神女，是挹玉浆。其谁由之？龙驾云裳。

肥遗蛇

肥遗为物，与灾合契。鼓翼阳山，以表元厉。桑林既祷，倏忽潜逝。

螐渠、赤鷩鸟、文茎木、䳋鸟

螐渠已殃，赤鷩辟火。文茎愈聋，是则嘉果。

鴖亦卫灾，厥形惟么。

流赭

沙则潜流，亦有运赭。于以求铁，趋在其下。蠲牛之疠，作采千社。

豪彘

刚鬣之族，号曰豪彘。毛如攒锥，中有激矢。厥体兼资，自为牝牡。

黄雚草、肥遗鸟、嚻兽

浴疾之草，厥子赭赤。肥遗似鹑，其肉已疫。嚻兽长臂，为物好掷。

橐𩇯

有鸟人面，一脚孤立。性与时反，冬出夏蛰。带其羽毛，迅雷不入。

桃枝

嶓冢美竹，厥号桃枝。丛薄幽蔼，从容郁猗。簟以安寝，杖以扶危。

杜衡

狌狌𦏺人，杜衡走马。理固须因，体亦有假。足骏在感，安事御者!

蓇容草、边溪兽、栎鸟

有华无实，蓇容之树。边溪类狗，皮厌妖蛊。黑文赤翁，鸟愈隐痔。鹦䳇慧鸟，青羽赤喙。

举石

禀气方殊，件错理微。礜石杀鼠，蚕食而肥。□性虽反，齐之一归。

玃如

玃如之兽，鹿状四角。马足人手，其尾则白。貌兼三形，攀木缘石。

鹦䳇

鹦䳇慧鸟，栖林喙桑。四指中分，行则以觜。自贻伊笼，见幽坐趾。

数斯鸟、犟兽、鸓鸟

数斯人脚，厥状似鸱。犟兽大眼。有鸟名鸓，两头四足，翔若合飞。

鸾鸟

鸾翔女床，凤出丹穴。拊翼相和，以应圣哲。击石靡咏，韶音其绝。

凫徯鸟、朱厌兽

凫徯朱厌，见则有兵。类异感同，理不虚行。推之自然，厥数难明。

蛮蛮

比翼之鸟，似凫青赤。虽云一形，气同体隔。延颈离鸟，翻飞合翮。

丹木、玉膏

丹木炜炜，沸沸玉膏。黄轩是服，遂攀龙豪。

眇然升遐，群下乌号。

瑾瑜玉

钟山之宝，爰有玉华。符彩流映，气如虹霞。君子是佩，象德闲邪。

钟山之子鼓、钦䲹

钦䲹及鼓，是杀祖江。帝乃戮之，昆仑之东。二子皆化，矫翼亦同。

鳐鱼

见则邑穰，厥名曰鳐。经营二海，矫翼闲霄。唯味之奇，见叹伊庖。

神英招

槐江之山，英招是主。巡游四海，抚翼云儛。实惟帝囿，是谓玄圃。

榣木

榣惟灵树，爰生若木。重根增驾，流光旁烛。食之灵化，荣名仙录。

昆仑丘

昆仑月精，水之灵府。惟帝下都，西姥之宇。嵥然中峙，号曰天柱。

神陆吾

肩吾得一，以处昆仑。开明是对，司帝之门。吐纳灵气，熊熊魂魂。

土蝼兽、钦原鸟

土蝼食人，四角似羊。钦原类蜂，大如鸳鸯。触物则毙，其锐难当。

沙棠

安得沙棠，制为龙舟？泛彼沧海，眇然遐游。聊以逍遥，任彼去留。

鹑鸟、沙棠实、蓍草

司帝百服，其鸟名鹑。沙棠之实，惟果是珍。爰有奇菜，厥号曰蓍。

神长乘

九德之气，是生长乘。人状犳尾，其神则凝。妙物自潜，世无得称。

西王母

天帝之女，蓬发虎颜。穆王执贽，赋诗交欢。韵外之事，难以具言。

积石

积石之中，实出重河。夏后是导，石门涌波。珍物斯备，比奇昆阿。

白帝少昊

少昊之帝，号曰金天。磈氏之宫，亦在此石。是司日入，其景则员。

狰

章莪之山，奇怪所宅。有兽似豹，厥色惟赤。

五尾一角，鸣如击石。

毕方

毕方赤文，离精是炳。旱则高翔，鼓翼阳景。集乃灾流，火不炎正。

文贝

先民有作，龟贝为货。贝以文彩，贾以小大。简则易从，犯而不过。

天狗

乾麻不长，天狗不大。厥质虽小，攘灾除害。气之相王，在乎食带。

三青鸟

山名三危，青鸟所解。往来昆仑，王母是隶。穆王西征，旋轸斯地。

江疑、獓狙兽、鴟鸟

江疑所居，风云是潜。兽有獓狙，毛如披蓑。鴟鸟一头，厥身则兼。

神耆童

颛顼之子，嗣作火正。铿锵其鸣，声如钟磬。处于騩山，唯灵之盛。

帝江

质则混沌，神则旁通。自然灵照，听不以聪。强为之名，曰在帝江。

獂兽

䲹鵌三头，獂兽三尾。俱御不祥，消凶辟眯。君子服之，不逢不趧。

当扈

鸟飞以翼，当扈则须。废多任少，沛然有馀。轮运于毂，至用在无。

白狼

矫矫白狼，有道则游。应符变质，乃衔灵钩。惟德是适，出殷见周。

白虎

甝甝之虎，仁而有猛。其质载皓，其文载炳。应德而櫌，止我交境。

驳

驳惟马类，实畜之英。腾髦骧首，嘘天雷鸣。气无冯凌，吞虎辟兵。

神䰠、蛮蛮、䰳遗鱼

其音如吟，一脚人面。鼠身鳖头，厥号曰蛮。目如马耳，食厌妖变。

櫰木

櫰之为木，厥形似梿。若能长服，拔树排山。力则有之，寿则宜然。

鸟鼠同穴山

鵌鼵二虫，殊类同归。聚不以方，或走或飞。

不然之然，难以理推。

鮆魮鱼

形如覆铫，包玉含珠。有而不积，泄以尾闾。阊与道会，可谓奇鱼。

丹木

爰有丹木，生彼洧盘。厥实如瓜，其味甘酸。蠲痾辟火，用奇桂兰。

穷奇兽、蠃鱼、孰湖兽

穷奇如牛，蝟毛自表。濛水之蠃，匪鱼伊鸟。孰湖之兽，见人则抱。

鳋鱼

物以感应，亦有数动。壮士挺剑，气激白虹。鳋鱼潜渊，出则邑悚。

北 山 经

水马

马实龙精，爰出水类。渥洼之骏，是灵是瑞。昔在夏后，亦有何驷？

儵鱼

涸和损平，莫惨于忧。诗咏萱草，带山则儵。壑焉遗岱，聊以盘游。

臛疏兽、䳜鵨鸟、何罗鱼

厌火之兽，厥名臛疏。有鸟自化，号曰䳜鵨。

一头十身，何罗之鱼。

孟槐

孟槐似貆，其豪则赤。列象畏兽，凶邪是辟。气之相胜，莫见其迹。

鳛鳛鱼

鼓翮一挥，十翼翩翻。厥鸣如鹊，鳞在羽端。是谓怪鱼，食之辟燔。

橐驼

驼惟奇畜，肉鞍是被。迅骛流沙，显功绝地。潜识泉源，微乎其智。

耳鼠

蹠实以足，排虚以羽。翘尾翻飞，奇哉耳鼠。厥皮惟良，百毒是御。

幽頞

幽頞似猴，俾愚作智。触物则笑，见人佯睡。好用小慧，终是婴系。

寓鸟、孟极、足訾兽

鼠而傅翼，厥声如羊。孟极似豹，或倚无良。见人则呼，号曰足訾。

䳋鸟

毛如雌雉，朋翔群下。飞则笼日，集则蔽野。肉验针石，不劳补写。

诸犍兽、白鵺、竦斯鸟

诸犍善吒，行则衔尾。白鵺竦斯，厥状如雉。见人则跳，头文如绣。

磁石

磁石吸铁，瑇瑁取芥。气有潜感，数亦冥会。物之相投，出乎意外。

旄牛

牛充兵机，兼之者旄。冠于旌鼓，为军之标。匪肉致灾，亦毛之招。

长蛇

长蛇百寻，厥鬣如彘。飞群走类，靡不吞噬。极物之恶，尽毒之厉。

山浑

山浑之兽，见人欢谑。厥性善投，行如矢激。是惟气精，出则风作。

窫窳、诸怀兽、鱳鱼、肥遗蛇

窫窳诸怀，是则害人。鱳之为状，羊鳞黑文。肥遗之蛇，一头两身。

鮆鱼

阳鉴动日，土蛇致宵。微哉鮆鱼，食则不骄。物在所感，其用无标。

狍鸮

狍鸮贪惏，其目在腋。食人未尽，还自龈割。

图形妙鼎，是谓不若。

㺄、闾、䮧马、独狢

有兽如豹，厥文惟缛。闾善跃险，䮧马一角。虎状马尾，号曰独狢。

䳋䳏

御暍之鸟，厥名䳋䳏。昏明是互，昼隐夜觌。物贵应用，安事鸾鹄！

居暨兽、嚻鸟、三桑

居暨豚鸣，如彙赤毛。四翼一目，其名曰嚻。三桑无枝，厥树唯高。

驿兽

驿兽四角，马尾有距。涉历归山，腾险跃岨。厥貌惟奇，如是旋舞。

天马

龙冯云游，腾蛇假雾。未若天马，自然凌翥。有理悬运，天机潜御。

鶌居

鶌居如乌，青身黄足。食之不饥，可以辟谷。内厥惟珍，配彼丹木。

飞鼠

或以尾翔，或以髯凌。飞鼠鼓翰，翛然背腾。用无常所，惟神是冯。

鶺、象蛇鸟、鮯父鱼

有鸟善惊，名曰鶺鶺。象蛇似雉，自生子孙。鮯父鱼首，厥体如豚。

酸与

景山有鸟，禀形殊类。厥状如蛇，脚二翼四。见则邑恐，食之不醉。

鸪鸐、黄鸟

鸪鸐之鸟，食之不瞧。爰有黄鸟，其鸣自叫。妇人是服，矫情易操。

精卫

炎帝之女，化为精卫。沈所东海，灵爽西迈。乃衔木石，以堙波海。

辣辣、罴九兽、大蛇

辣辣似羊，眼在耳后。窍生尾上，号曰罴九。幽都之山，大蛇牛响。

东 山 经

鳙鳙鱼、从从兽、蚩鼠

鱼号鳙鳙，如牛虎鲛。从从之状，似狗六脚。蚩鼠如鸡，见则旱涸。

絛螪

絛螪蛇状，振翼洒光。凭波腾逝，出入江湘。见则岁旱，是维火祥。

狪狪

蚌则含珠，兽胡不可？狪狪如豚，被褐怀祸。患难无由，招之自我。

堪㐨鱼、羚羚兽

堪㐨羚羚，殊气同占。见则淇水，天下昏垫。岂伊妄降，亦应牒谶。

珠蟞鱼

澧水之鲜，形如浮肺。体兼三才，以货贾害。厥用既多，何以自卫？

犰狳

犰狳之兽，见人佯眠。与灾协气，出则无年。此岂能为，归之于天。

狸力兽、鵹胡鸟

狸力鵹胡，或飞或伏。是惟土祥，出兴功筑。长城之役，同集秦域。

朱獳

朱獳无奇，见则邑骇。通感靡诚，维数所在。因事而作，未始无待。

獙獙、蛩蚔兽、絜钩鸟

獙獙如狐，有翼不飞。九尾虎爪，号曰蛩蚔。絜钩似凫，见则民悲。

峳峳

治在得贤，□由夫人。峳峳之来，乃致狡宾。

归之冥应，谁见其津？

𧒂龟

水圆四十，潜源溢沸。灵龟爰处，掉尾养气。庄生是感，挥竿傲贵。

𩽾胡、精精兽、鲐鲐鱼

𩽾胡之状，似麋鱼眼。精精如牛，以尾自辨。鲐鲐所潜，厥深无限。

猲狙兽、鬿雀

猲狙狡兽，鬿雀恶鸟。或狼其体，或虎其爪。安用甲兵？扰之以道。

芑木

马维刚骏，涂之芑汁。不劳孙阳，自然闲习。厥术无方，理有潜执。

茈鱼、薄鱼

有鱼十身，蘪芜其臭。食之和体，气不下溜。薄之跃渊，是维灾候。

合窳

猪身人面，号曰合窳。厥性贪残，物为不咀。至阴之精，见则水雨。

当康兽、鲭鱼

当康如豚，见则岁穰。鲭鱼鸟翼，飞乃流光。同出殊应，或灾或祥。

蜚

蜚则灾兽，跂踵厉深。会所经涉，竭水槁林。禀气自然，体此殃淫。

中　山　经

桃林

桃林之谷，实惟塞野。武王克商，休牛风马。阨越三涂，作险西夏。

鸣石

金石同类，潜响是韫。击之雷骇，厥声远闻。苟以数通，气无不运。

旋龟、人鱼、脩辟

声如破木，号曰旋龟。脩辟似黾，厥鸣如鸱。人鱼类鳑，出于洛伊。

帝台棋

茫茫帝台，维灵之贵。爰有石棋，五彩焕蔚。觞祷百神，以和天气。

若华

疗疟之草，厥实如瓜。乌酸之叶，三成黄华。可以为毒，不畏蚖蛇。

䔄草

䔄草黄华，实如菟丝。君子是佩，人服媚之。帝女所化，其理难思。

山膏兽、黄棘

山膏如豚，厥性好骂。黄棘是食，匪子匪化。虽无贞操，理同不嫁。

三足龟

造物维均，靡偏靡颇。少不为短，长不为多。贲能三足，何异鼋鼍？

嘉荣

霆维天精，动心骇目。曷以御之？嘉荣是服。所正者神，用口肠腹。

天楄、牛伤、文兽、螣鱼

牛伤镇气，天楄弭噎。文兽如蜂，枝尾反舌。螣鱼青斑，处于逵穴。

帝休

帝休之树，厥枝交对。竦本少室，曾阴云霒。君子服之，匪怒伊爱。

泰室

嵩维岳宗，华岱恒衡。气通元漠，神洞幽明。嵬然中立，众山之英。

栯木

爰有嘉树，厥名曰栯。薄言采之，窈窕是服。君子惟欢，家无反目。

岗草

岗草赤茎，实如蘡薁。食之益智，忽不自觉。

殆齐生知，功奇于学。

鹖鸟

鹖之为鸟，同群相为。畸类被侵，虽死不避。毛饰武士，兼厉以义。

鸣蛇、化蛇

鸣化二蛇，同类异状。拂翼俱游，腾波漂浪。见则并灾，或淫或亢。

赤铜

昆吾之山，名铜所在。切玉如泥，火炙有彩。尸子所叹，验之彼宰。

神熏池

泰逢虎尾，武罗人面。熏池三神，厥状不见。爰有美玉，河林如蒨。

神武罗

有神武罗，细腰白齿。声如鸣佩，以鐻贯耳。司帝密都，是宜女子。

鴢鸟

鴢鸟似凫，翠羽朱目。既丽其形。亦奇其肉。妇女是食，子孙繁育。

荀草

荀草赤实，厥状如菅。妇人服之，练色易颜。夏姬是艳，厥媚三还。

马腹兽、飞鱼

马腹之物，人面似虎。飞鱼如豚，赤文无羽。食之辟兵，不畏雷鼓。

神泰逢

神号泰逢，好游山阳。濯足九州，出入流光。天气是动，孔甲迷惶。

莿柏

莿柏白华，厥子如丹。实肥变气，食之忘寒。物随所染，墨子所叹。

橘、櫾

厥苞橘櫾，奇者维甘。朱实金鲜，叶蒨翠蓝。灵均是咏，以为美谈。

蒗

大騩之山，爰有苹草。青华白实，食之无夭。虽不增龄，可以穷老。

鲛鱼

鱼之别属，厥号曰鲛。珠皮毒尾，匪鳞匪毛。可以错角，兼饰剑刀。

鸩鸟

蝮维毒魁，鸩鸟是噉。拂翼鸣林，草瘁木惨。羽行隐戮，厥罚难犯。

椒

椒之灌殖，实繁有伦。拂颖沾霜，朱实芬辛。

服之洞见，可以通神。

神蠹围、计蒙、涉蠹

涉蠹三脚，蠹围虎爪。计蒙龙首，独禀异表。升降风雨，茫茫渺渺。

岷山

岷山之精，上络东井。始出一勺，终致森冥。作纪南夏，天清地静。

夔牛

西南巨牛，出自江岷。体若垂云，肉盈千钧。虽有逸力，难以挥轮。

崃山

邛崃峻险，其坂九折。王阳逡巡，王遵逞节。殷有三仁，汉称二哲。

独狼、雍和、狭兽

独狼之出，兵不外击。雍和作恐，狭乃流疫。同恶殊灾，气各有适。

蜼

寓属之才，莫过于蜼。雨则自悬，塞鼻以尾。厥形虽随，列象宗彝。

熊穴

熊山有穴，神人是出。与彼石鼓，象殊应一。祥虽先见，厥事非吉。

跂踵

青耕御疫，跂踵降灾。物之相反，各以气来。见则民咨，实为病媒。

蛟

匪蛇匪龙，鳞彩炳焕。腾跃波涛，蜿蜒江汉。汉武饮羽，佽飞叠断。

神耕父

清泠之水，在乎山顶。耕父是游，流光洒景。黔首祀崇，以弭灾眚。

九钟

峣崩泾竭，麟斗日薄。九钟将鸣，凌霜乃落。气之相应，触感而作。

婴勺

支离之山，有鸟似鹊。白身赤眼，厥尾如勺。维彼有斗，不可以酌。

獜

有兽虎爪，厥号曰獜。好自跳扑，鼓甲振奋。若食其肉，不觉风迅。

帝台浆

帝台之水，饮蠲心病。灵府是涤，和神养性。食可逍遥，濯发浴泳。

狙如

狙如微虫，厥体无害。见则师兴，两阵交会。

物之所感，焉有小大！

帝女桑

爰有洪桑，生渎沦潭。厥围五丈，枝相交参。园客是采，帝女所蚕。

梁渠、犭多即、闻䚕兽、䴅鵌鸟

梁渠致兵，犭多即起灾，䴅鵌辟火，物各有能。闻䚕之见，大风乃来。

神于兒

于兒如人，蛇头有两。常游江渊，见于洞广。乍潜乍出，神光忽恍。

神二女

神之二女，爰宅洞庭。游化五江，惚恍窈冥。号曰夫人，是维湘灵。

飞蛇

腾蛇配龙，因雾而跃。虽欲登天，云罢陆略。仗非启体，难以云托。

海外南经

自此山来，虫为蛇，蛇号为鱼

贱无定贡，贵无常珍。物不自物，自物由人。万事皆然，岂伊蛇鳞！

羽民国

鸟喙长颊，羽生则卵。矫翼而翔，龙飞不远。

人维倮属，何状之反？

神人二八

羽民之东，有神司夜。二八连臂，自相羁驾。昼隐宵出，诡时沦化。

讙头国

讙头鸟喙，行则杖羽。潜于海滨，维食杞秬。实维嘉谷，所谓濡黍。

厌火国

有人兽体，厥状怪谲。吐纳炎精，火随气烈。推之无奇，理有不热。

三珠树

三珠所生，赤之之际。翘叶柏疏，美壮若彗。濯彩丹波，自相霞映。

䕫国

不蚕不丝，不稼不穑。百兽率儛，群鸟拊翼。是号䕫民，自然衣食。

贯匈、交胫、支舌国

铄金洪炉，洒成万品。造物无私，各任所禀。归于曲成，是见兆朕。

不死国

有人爰处，员丘之上。赤泉驻年，神木养命。禀此遐龄，悠悠无竟。

凿齿

凿齿人类，实有杰牙。猛越九婴，害过长蛇。尧乃命羿，毙之寿华。

三首国

虽云一气，呼吸异道。观则俱见，食则皆饱。物形自周，造化非巧。

焦侥国

群籁舛吹，气有万殊。大人三丈，焦侥尺馀。混之一归，此亦侨如。

长臂国

双肱三尺，体如中人。彼曷为者？长臂之民。修脚自负，捕鱼海滨。

狄山，帝尧葬于阳，帝喾葬于阴

圣德广被，物无不怀。爰乃殂落，封墓表哀。异类犹然，矧乃华黎。

视肉

聚肉有眼，而无肠胃。与彼马勃，颇相仿佛。奇在不尽，食人薄味。

南方祝融

祝融火神，云驾龙骖。气御朱明，正阳是含。作配炎帝，列位千南。

海外西经

夏后启

箛御飞龙，果儛《九代》。云翮是挥，玉璜是佩。对扬帝德，禀天灵诲。

三身国、一臂国

品物流形，以散混沌。增不为多，减不为损。厥变难原，请寻其本。

奇肱国

妙哉工巧，奇肱之人。因风构思，制为飞轮。凌颓遂轨，帝汤是宾。

形夭

争神不胜，为帝所戮。遂厥形夭，脐口乳目。仍挥干戚，虽化不服。

女祭、女戚

彼姝者子，谁氏二女？曷为水间，操鱼持俎？厥俪安在，离群逸处？

鸾鸟、鶬鸟

有鸟青黄，号曰鶬鸾。与妖会合，所集会至。类则枭鹠，厥状难媚。

丈夫国

阴有偏化，阳无产理。丈夫之国，王孟是始。感灵所通，桑石无子。

女丑尸

十日并熯，女丑以毙。暴于山阿，挥袖自翳。

彼美谁子，逢天之厉？

巫咸

群有十巫，巫咸所统。经技是搜，术艺是综。采药灵山，随时登降。

并封

龙过无□，并封连载。物状相乖，如骥分背。数得自通，寻之愈阂。

女子国

简狄有吞，姜嫄有履。女子之国，浴于黄水。乃娠乃字，生男则死。

轩辕国

轩辕之人，承天之祜。冬不袭衣，夏不扇暑。犹气之和，家为彭祖。

乘黄

飞黄奇骏，乘之难老。揣角轻腾，忽若龙矫。实鉴有德，乃集厥皂。

灭蒙鸟、大运山、雄常树

青质赤尾，号曰灭蒙。大运之山，百仞三重。雄常之树，应德而通。

龙鱼

龙鱼一角，似狸处陵。俟时而出，神圣攸乘。飞骛九域，乘龙上升。

西方蓐收

蓐收金神，白毛虎爪。珥蛇执钺，专司无道。立号西阿，恭行天讨。

海外北经

无脊国

万物相传，非子则根。无脊因心，构肉生魂。所以能然，尊形者存。

烛龙

天缺西北，龙冲火精。气为寒暑，眼作昏明。身长千里，可谓至神。

一目国

苍四不多，此一不少。子野冥瞽，洞见无表。形游逆旅，所贵维眇。

柔利国

柔利之人，曲脚反肘。子求之容，方此无丑。所贵者神，形于何有！

共工臣相柳

共工之臣，号曰相柳。禀此奇表，蛇身九首。恃力桀暴，终禽夏后。

深目国

深目类胡，但口绝缩。轩辕道降，款塞归服。穿胸长脚，同会异族。

聂耳国

聂耳之国，海渚是县。雕虎斯使，奇物毕见。形有相须，手不离面。

夸父

神哉夸父，难以理寻。倾河逐日，遁形邓林。触类而化，应无常心。

寻木

渺渺寻木，生于河边。疏枝千里，上干云天。垂阴四极，下盖虞渊。

跂踵国

厥形虽大，斯脚则企。跳步雀踊，踵不阂地。应德而臻，款塞归义。

欧丝野

女子鲛人，体近蚕蚌。出珠非甲，吐丝匪蛹。化出无方，物岂有种！

无肠国

无肠之人，厥体维洞。心实灵府，馀则外用。得一自全，理无不共。

平丘

两山之间，丘号曰平。爰有遗玉，骏马维青。视肉甘华，奇果所生。

騊駼

騊駼野骏，产自北域。交颈相摩，分背翘陆。

虽有孙阳，终不能服。

北方禺彊

禺彊水神，面色黧黑。乘龙践蛇，凌云附翼。灵一玄冥，立于北极。

海外东经

君子国

东方气仁，国有君子。薰华是食，雕虎是使。雅好礼让，礼委论理。

天吴

眈眈水伯，号曰谷神。八头十尾，人面虎身。龙据两川，威无不震。

九尾狐

青丘奇兽，九尾之狐。有道翔见，出则衔书。作瑞周文，以标灵符。

竖亥

禹命竖亥，青丘之北。东尽太远，西穷邠国。步履宇宙，以明灵德。

十日

十日并出，草木焦枯。羿乃控弦，仰落阳乌。可谓洞感，天人悬符。

毛民国

牢悲海鸟，西子骇麋。或贵穴倮，或尊裳衣。

物我相倾，孰了是非？

黑齿国、雨师妾、玄股国、劳民国

阳谷之山，国号黑齿。雨师之妾，以蛇挂耳。玄股食鸥，劳民黑趾。

东方句芒

有神人面，身鸟素服。衔帝之命，锡龄秦穆。皇天无亲，行善有福。

海内南经

枭阳

髴髴怪兽，被发操竹。获人则笑，脣蔽其目。终亦号咷，反为我戮。

狌狌

狌狌之状，形乍如犬。厥性识往，为物警辩。以酒招灾，自贻缨骨。

夏后启臣孟涂

孟涂司巴，听讼是非。厥理有曲，血乃见衣。所请灵断，呜呼神微！

建木

爰有建木，黄实紫柯。皮如蛇缨，叶有素罗。绝荫弱水，义人则过。

氐人

炎帝之苗，实生氐人。死则复苏，厥身为鳞。

云雨是托，浮游天津。

巴蛇

象实巨兽，有蛇吞之。越出其骨，三年为期。厥大何如？屈生是疑。

海内西经

贰负臣危

汉击磐石，其中则危。刘生是识，群臣莫知。可谓博物，出海乃奇。

流黄酆氏国

城围三百，连阿比栋。动是尘昏，烝气雾重。焉得游之，以敖以纵？

大泽方百里

地号积羽，厥方百里。群鸟云集，鼓翅雷起。穆王旋轸，爰荣騄耳。

流沙

天限内外，分以流沙。经带西极，颓唐委蛇。注于黑水，永溺馀波。

木禾

昆仑之阳，鸿鹭之阿。爰有嘉谷，号曰木禾。匪植匪艺，自然灵播。

开明

开明天兽，禀兹金精。虎身人面，表此桀形。

瞪视昆山，威慑百灵。

文玉、玗琪树

文玉玗琪，方以类丛。翠叶猗萎，丹柯玲珑。玉光争焕，彩艳火龙。

不死树

万物暂见，人生如寄。不死之树，寿蔽天地。请药西姥，乌得如羿！

甘水、圣木

醴泉璿木，养龄尽性。增气之和，祛神之冥。何必生知，然后为圣？

窫窳

窫窳无罪，见害贰负。帝命群巫，操药夹守。遂沦溺渊，变为龙首。

服常、琅玕树

服常琅玕，昆山奇树。丹实珠离，绿叶碧布。三头是伺，递望递顾。

海 内 北 经

吉良

金精朱鬣，龙行骏跱。拾节鸿鹜，尘下及起。是谓吉黄，释圣牖里。

蛇巫山、鬼神、蜪犬、群帝台、大蜂、朱蛾

蛇巫之山，有人操杯。鬼神蜪犬，主为妖灾。

大蜂朱蛾，群帝之台。

阘非、据比尸、袜、戎

人面兽身，是谓阘非。被发折颈，据比之尸。戎三其角，袜竖其眉。

驺虞

怪兽五彩，尾参于身。矫足千里，倏忽若神。是谓驺虞，诗叹其仁。

冰夷

禀华之精，练食八石。乘龙隐沦，往来海若。是谓水仙，号曰河伯。

王子夜尸

子夜之尸，体分成七。离不为疏，合不为密。苟以神御，形归于一。

宵明、烛光

水有佳人，宵明烛光。流耀河湄，禀此奇祥。维舜二女，别处一方。

列姑射山、大蟹、陵鱼

姑射之山，实有神人。大蟹千里，亦有陵鳞。旷哉溟海，含怪藏珍。

蓬莱山

蓬莱之山，玉碧构林。金台云馆，高哉兽禽。实维灵府，玉主甘心。

海内东经

郁州

南极之山，越处东海。不行而至，不动而改。维神所运，物无常在。

韩雁、始鸠、雷泽神、琅琊台

韩雁始鸠，在海之州。雷泽之神，鼓腹优游。琅琊嶕峣，邈若云楼。

竖沙、居繇、埻端、玺唤国

竖沙居繇，埻端玺唤。沙漠之乡，绝地之馆。或羁于秦，或宾于汉。

大江、北江、南江、浙江、庐、淮、湘、汉、濛、温、颍、汝、泾、渭、白、沅、赣、泗、郁、肄、潢、洛、汾、沁、济、潦、虖池、漳水

川渎交错，涣澜流带。通潜润下，经营华外。殊出同归，混之东会。

大荒东经

竫人国（残文）

僬侥极么，竫人又小。四体取足，眉目才了。

九尾狐

青丘奇兽，九尾之狐。有道祥见，出则衔书。作瑞周文，以标灵符。

大荒南经（缺）

大荒西经

弱水

弱出昆山，鸿毛是沈。北沦流沙，南映火林。惟水之奇，莫测其深。

炎火山

木含阳气，精构则然。焚之无尽，是生火山。理见乎微，其妙在传。

大荒北经

若木

若木之生，昆山是滨。朱华电照，碧叶玉津。食之灵智，为力为仁。

封豕

有物贪婪，号曰封豕。荐食无厌，肆其残毁。羿乃饮羽，献帝效技。

海内经（缺，下为残文）

玉赣表夏

厥号曰蛮

亦有数动

泂和损乎

鼓翮一挥，十翼翩翻

头文如绣

璹瑁取芥

畸类被侵

员丘之上

图书在版编目(CIP)数据

山海经/周明初点校.—杭州:浙江古籍出版社,
2010.1(2017.5重印)
(古典名著聚珍文库)
ISBN 978-7-80715-511-9

Ⅰ.山… Ⅱ.周… Ⅲ.历史地理-中国-古代
Ⅳ.K928.631

中国版本图书馆CIP数据核字(2009)第235085号

山 海 经

周明初 校注

出版发行 浙江古籍出版社
(杭州市体育场路347号 电话:0571-85068292)
网 址 www.zjguji.com
责任编辑 关俊红
封面设计 刘 欣
激光照排 浙江新华图文制作有限公司
印 刷 浙江海虹彩色印务有限公司
开 本 640×960 1/16
印 张 15.25
字 数 180千
版 次 2010年1月第1版
印 次 2017年5月第10次印刷
书 号 ISBN 978-7-80715-511-9
定 价 15.00元